30种教师读书的体验

张肇丰 徐士强 ◎ 主编

华东师范大学出版社

图书在版编目(CIP)数据

教师读书的30种体验/张肇丰,徐士强主编. —上海:华东师范大学出版社,2017
(长三角教育科研丛书)
ISBN 978-7-5675-7065-8

Ⅰ.①教… Ⅱ.①张…②徐… Ⅲ.①读书活动—文集
Ⅳ.①G252.17-53

中国版本图书馆CIP数据核字(2017)第260378号

长三角教育科研丛书
教师读书的30种体验

主　　编　张肇丰　徐士强
策划编辑　彭呈军
项目编辑　白锋宇
责任校对　陈　易
装帧设计　卢晓红

出版发行　华东师范大学出版社
社　　址　上海市中山北路3663号　邮编200062
网　　址　www.ecnupress.com.cn
电　　话　021-60821666　行政传真　021-62572105
客服电话　021-62865537　门市(邮购)电话　021-62869887
地　　址　上海市中山北路3663号华东师范大学校内先锋路口
网　　店　http://hdsdcbs.tmall.com

印 刷 者　常熟市文化印刷有限公司
开　　本　787×1092　16开
印　　张　15.75
字　　数　191千字
版　　次　2017年11月第1版
印　　次　2018年6月第2次
书　　号　ISBN 978-7-5675-7065-8/G·10708
定　　价　38.00元

出 版 人　王　焰

目录

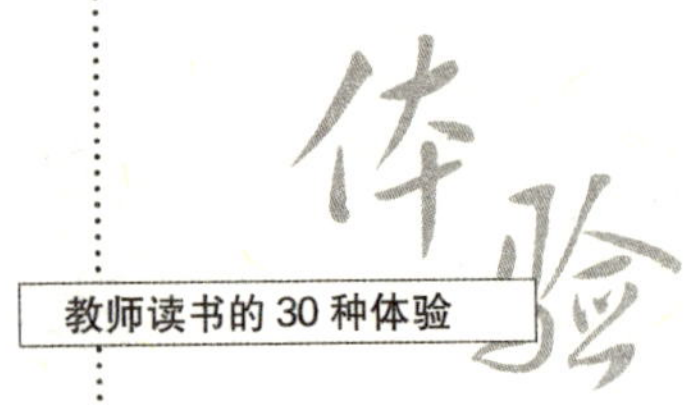
教师读书的30种体验

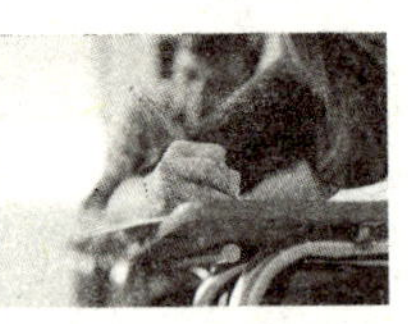

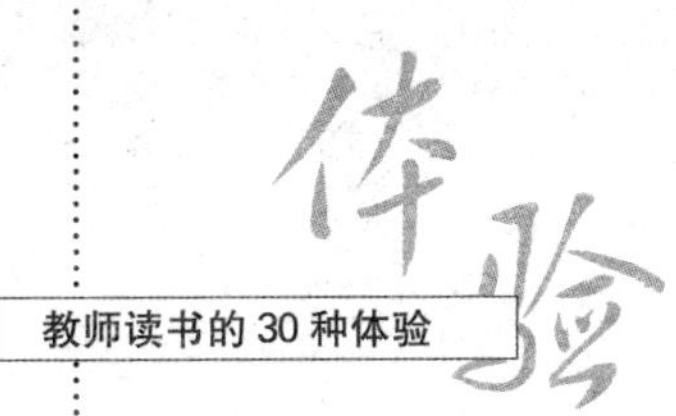

前言 在阅读中成长

读书是个永远时髦却难有新意的话题。对读书的价值和意义、读书的方法和技巧，以及书籍的个性化选择，古今中外数代人早已详细诠释和倾情推介，似乎无可争议。个人读书本属私人行为，当我们在公共领域热闹地讨论这件事的时候，说明读书本身也许已经有了问题。在当下，少有人看书，少有人看“无用”书，读书对大多数人来说，多少是件“被迫”的事情。

读书，是借由别人的文字，遇见自己，看见自己。教师无疑是读者中的一个特殊群体，教师读书的独特价值和意义，在于它是不断迭代的。读书不仅丰盈了教师自己，而且惠及每一个孩子的成长。教师读书产生的价值直接作用于教师，间接作用于学生，辐射到每一个家庭，最终对整个社会产生事半功倍的效应。

正如本书选入的《作家手稿的启迪》的作者所言，“教师的阅读决定了教学的高度，教学的高度决定了学生的高度”。是的，教师的精神世界一旦拓宽，学生能到达的可能世界也就更为广阔。学生借由教师，多了一条通往浩瀚世界的道路，他们的各种可能性也被发掘出来，在发现自我和探究外界的路上有可能走得更远。“我非常高兴地看到自己的阅读能与学生的学习、生活、生命结合在一起，给他们的成长一个有力的注脚。这也是教师阅读的价值所在。”诚哉斯言。

越来越多的教师认识到，读书是其专业发展的一个重要领域和路径。教师专业发展的内容和路径从即时见效的技能操练到潜移默化的阅读思考的转变，也是教师专业发展由重形式到重内涵的转变。在每位教师翻阅书籍的瞬间，蝴蝶的翅膀已然扇动。

由于教师专业发展的情境、起点、阶段等因素各有不同，各人的读书需求也不同，读书和发展的侧重点也会有很大差异。借用社会学家费孝通先生的“差序格局”概念，我们可以把教师读书目标和路径的差异称为“差序阅读”。“差序格局”的原意是以自己为圆心，以与不同人的亲疏远近为半径，社会关系像水面上的涟漪一样层层推出去，形成一个个同心圆。所谓差序阅读，即以教师为圆心，以不同专业成长阶段的阅读需求和内容为半径，从小学科推向大世界。差序阅读不是一条单向的线，它的“序”可错落，因为教师在不同阶段的发展侧重点不同，所要取得的阶段性目标不同，所以其在不同时期的阅读需要循环往复。

着眼于反映教师精神成长和行为改进过程这两点，差序阅读大致可分为以下三方面，这三方面在通常情况下呈纵向层级关系，有时也呈横向并行关系：(1)核心阅读——围绕职业成长的精准阅读(本体性知识)；(2)周边阅读——促进职业发展的相关阅读(条件性知识)；(3)跨界阅读——涉及职业规划的扩充阅读(拓展性知识)。

1. 核心阅读

教师最基本的核心阅读几乎等同于与学科教学相关的阅读，比如，阅读有关优秀教案、班级管理的方法与技巧等内容的实用书籍，目的是在学科教学或班主任工作上站稳脚跟。这类阅读的主体一般是新教师，以实践问题为导向，旨在解决对教育教学的“知其然”；也有工作三五年以上的、处于职业倦怠期的教师，他们能熟练“操作”教学，但对教学活动本身有疲倦感，甚至对教育工作有所质疑，需要“回炉”重造，这时他们会回过头来重新进行核心阅读。

新教师的忙碌多半由于业务不熟练，找不准重点。《作家手稿的启迪》的作者这么描述自己身为新教师时的状态:“我貌似每天过得很忙,但跟师父比起来,我真正花在教学研究上的时间实在太少太少了。我的心片刻都没有安静过,疲于应付教学中的种种琐事。”这时候需要勤学学科教学基本功,可以向师父学,向同行学,也可以向书本学,回到核心阅读。聚焦职业成长的阅读最终确实能在课堂教学上开花结果。“我通过阅读作者的手稿,打开了视野,把握住了教材的精神实质。这样,我逐渐能够把握语文教学的重点、难点,我的语文课堂教学更加深入、扎实,渐渐地呈现出了新面貌。”

《深度阅读与教学改进》的作者则是另一种类型的案例。她为了重新点燃职业热情,进行了大量的阅读,内容包括如何激发学生的课堂兴趣、通过何种方式活跃课堂气氛、如何提升教师在教育教学上的创造力,等等。没有对比,就看不到差距。尽管她有几年教学经验,但是在阅读了戴夫·伯格斯《教学需要打破常规:全世界最受欢迎的创意教学法》一书后,她才了解到非常规教学的魅力,“一个个让课堂充满众多令人惊讶的奇思妙想、让学生着迷于教师讲课之中的教学‘钩子’,把课堂变成了学习的盛典礼堂”。看到差距,心生动力。她在进行教学设计时,书中的观点和案例来回盘旋在她脑海中,最终揉进她的课堂里。在真实问题的导引下,教师进行这种围绕职业成长的、既有深度又精准的阅读,再加上反思和再实践,最终大幅度提升了课堂教学艺术,也提高了学生的学业水平。

2. 周边阅读

周边阅读是教师走出小学科、迈向大教育的必经之路。学科教师除了阅读本学科的教学设计文本之外,还需要阅读与学科相关的周边内容,作为对本职工作的支撑。

在《打开专业阅读的三重天地》一文中,作者从自身阅读经验出发,历数各种周边书籍带来的启发:从《故事知道怎么办:如何让孩子有令人惊喜的改变》里知道怎样运用故事解决孩子的问题;从《儿童的一百种语言》中学习观察和记录、反馈与交流在课程中的作用;从《创造性思维和基于艺术的学习——学前阶段到小学四年级(第 5 版)》中知道班级的各个区域应该怎么摆布、要收集哪些方面的材料、对孩子有什么样的要求……如是,超越学科的周边阅读源于学科而高于学科。

虽然周边阅读看似离课堂教学远了,不直接提供学科教学或班级管理的方法,但是其给出的条件性知识能够帮助教师更深入地理解儿童、更科学地构建儿童教育观、更有力地执行课程计划,是使教师职业发展可能跃上新台阶的有效途径。学科教师走出学科,从教育学和发展心理学的层面看教育;班主任走出班级管理,把学生置于可持续发展的脉络中,从终身教育的角度看学生;跳出教育教学领域,从一个学校的运行机制中反观课程建设、师生地位,教师也许会发现,在日常的本职工作周边,潜藏着诸多隐性支撑。

“带中班的那个寒假,我刚刚阅读了《儿童的一百种语言》,对瑞吉欧教育模式很感兴趣,又找来了不少相关的书籍进行阅读,揣摩教师是怎样观察孩子的、观察所得又怎样应用于课程内容的进一步生发、怎样让幼儿成为课程的主导者。”《儿童的一百种语言》不指导教师如何开展教学,但是它让你重新理解儿童;瑞吉欧教育模式无法生搬硬套,但是教师可以由此展开系列阅读,围绕这一主题读透内涵。周边阅读就像滚雪球,以周围材料优先,逐步推向远方,正是每一片雪花的聚拢,使得雪球变大、变结实。

3. 跨界阅读

做经师易,做人师难。教师要有不止于做经师的“野心”,才会涉猎其他领域的知识,试图跳出教育看教育。这份“野心”促使教师自觉进行跨界阅读,获得交叉学科的视野,从非教育角度审视教育。有一名特级教师曾说,教师要有一只竖在教育圈外面的耳朵，听取外界声音，兼听则明，博采众长。

每一个领域自有边界，但无论边界如何清晰，都可与哲学相贯通。在哲学层面，每一个领域都可被观照到。读哲学，读哲学家，都是费力费心的项目。《结缘黑格尔》的作者邓老师多年来知难而上研读黑格尔，读到具备了可以在哲学层面进行学科思考的能力。“黑格尔不断地启发我对‘语文’学科进行思考。对于‘言语’与‘语言’，用黑格尔的‘有限’与‘无限’两个范畴及其关系的思想来解释，与韩雪萍、李海林等人的理解恰好相反：每一个人的言语必须遵守语言规则，言语的无限是量的无限，本质上还是要受到语言的限制，因而是假无限；语言在个人的言语之外独立存在，它不依赖于数学、物理等学科而存在，自己规定自己，因而是真无限。”通过跨界阅读，邓老师在拓展之后再进行整合，生成了新的见解。

跨界阅读的目的是为了见识更多的“他山之石”，以期从新的角度或高度来审视教育，在一个更广阔的视野下回答属于教育的一些基本问题。“语文界有两个长期争论的根本性问题：一是语文是什么，一是语文的性质。这两个问题都属于本体论和认识论的问题，西方古典哲学研究的正是本体论和认识论，而黑格尔是古典哲学的集大成者，把本体论、认识论和逻辑学有机地统一在一起，……用他的《小逻辑》和《精神现象学》的思想来解释语文的两大问题，应该说是一个正确的选择。”跨界阅读选对书，也是阅读者水平的体现。跨界阅读不仅仅是用拓展性知识武装大脑，它最大的价值在于帮助教师沉淀出一种思考方式。积流成河，所有的努力都可以被看见。

最好的阅读状态是与文本对接，与不在场的作者对话，彼此平视，进行一场无形的、旗鼓相当的较量。较量的背后是读者拥有与文本匹配的相应的知识储备，具有相当的认知能力和理解能力，能够以自己的生活经验为基础，懂得作者已经呈现的意思和背后的暗示。在这样的较量中，阅读者有可能获得最大程度的成长，与作者互为“知遇之人”。

书籍带我们进入了另一个世界，一个脚步从未丈量但灵魂已光临过的世界。每位教师都可以找到适合自己的书籍，有的教师手拿“针线”，致力于把学科知识串联成链，在断线处学习如何衔接；有的教师站在学科间回溯教育理想，试着打通理论和实践的隔阂；有的教师跨界吸收养分，跳出教育看教育，以全局观审思教育发展的方向；班主任试图用心理学和管理学武装自己，在班级管理工作中洞悉教育的本质。读书于教师，无非是在不同主体身上、不同发展阶段，以不等长的半径画圆，圆周所及，成长所及。

（吴宇玉　上海市教育科学研究院普教所）

体验

教师读书的30种体验

第一章
一个人的阅读史

问：我读过很多书，但后来大部分都被我忘记了，那阅读的意义是什么？

答：当我还是个孩子时，我吃了很多的食物，大部分已经一去不复返而且被我忘掉了，但可以肯定的是，它们中的一部分已经长成了我的骨头和肉。阅读对你的思想的改变也是如此。

——知乎“阅读的意义”

1. 与书结缘

后来，我经常感叹，也许是冥冥之中的注定，我就应该成为一个语文老师。

因为我的三舅，因为小时候读的那些小说。

一、少年与小说结缘

我的读书种子，是三舅帮忙种下的。

三舅是乡镇中学的历史老师，在20世纪八九十年代，在穷乡僻壤之地，也算是一个文化人了。喜欢历史、爱好文学的他，省吃俭用订了些文学刊物，比如《当代》、《中篇小说选刊》。那个时候，正是国内当代文学发展的一个高潮，像梁晓声、方方、张贤亮、邓友梅、郑义、刘恒这些后来响彻文坛、被写进中国当代文学史的大作家们，正处于他们的写作高潮期。而他们的作品，基本都会被发表在这两本刊物上。等三舅看完之后，这些小说，就都被我们几个姨表兄弟“借”回来了。

那个时候，我还小，一个村子也没几户有电视机，因此，大量的时间无处打发。似乎是无意之间，我接触到这些小说，一看，就入了迷。小学四年级的我，很多字都不认识，很多句子都不理解，但那些曲折离奇的故事情节，让我不能自拔。除了上课时不敢偷看，其余的时间基本都花在了读小说上。上学、放学路上边走边看，小伙伴们都飞奔向前，只有我一个人远远落在后面。回到家，看得入迷的我，连吃饭都不知道要老妈喊多少次，边吃饭边看书，常常忘了吃菜。睡觉的时候，点着煤油灯看，被老妈催着睡觉，还舍不得放下，经常是吹了灯，钻进被窝，偷偷打开家里唯一的电器——手电筒，继续看。放假了，牵着家里的老牛，或是赶着羊，到河边草地，将牛一拴、羊一放，就钻进了小说的世界。

那些书中的世界，五彩斑斓，有《红鞋》里兵团战士的朦胧爱情，有《灵与肉》里下乡知青的饥饿生活与火辣感情，有《黄河的子孙》里大队书记的狡黠与善良，有《远山的呼唤》里牧羊犬的凶猛与真诚，有《鼻烟壶》里旗人的落魄与鼻烟壶的内里乾坤，有《盗马贼的故事》里藏人的彪悍，还有……

那些曲折离奇的故事，那些动人心魄的战斗，那些让人落泪的爱情，一切的一切，似乎都非常遥远，我似懂非懂地读着，打发无聊的少年时光。

现在回想起来，少年时候阅读小说名篇，为我的语感培养奠定了坚实的基础。在这些大作家的成名作或者代表作的熏陶下，我的阅读理解能力得到了极大提升，同时，我对文学和阅读也产生了浓厚的兴趣，这为我后来高中毕业填报师范大学中文专业，埋下了伏笔。

二、中学与《读者》结缘

中学时期，学业压力比小学时大了很多，再加上家里经济条件差，没闲钱给我买书，有的时候，甚至连几百块钱的学费都要拖欠几个月。整个初中，几乎都没有什么课外书阅读的经历。

到了高中，我离家去了三舅所在的学校。学校在县南的一个乡镇，附近也没有什么书店。一次偶然的机会，我看到了邮局旁边，有一个卖《读者》和《青年文摘》等刊物的小书摊，拿起一本《读者》就放不下来了。那个时候，一本《读者》大概是两块钱。这两块钱，在我们学校门口的小吃店，可以炒一个素菜。那个时候，我依然还是没有多少生活费，饭是自己从家里带米去食堂蒸的，菜是从家里带的咸菜搭配食堂的一盘半碟，或是隔三差五直接去舅舅家蹭吃，一个月都不见得有十几二十块零花钱。

现在想起来，还得庆幸当时的《读者》还是月刊，一个月只出一本，我省吃俭用，基本上每个月都会跑到那个小书摊去买。直到高三，因为我的成绩非常不错，舅妈看着开心，所以我几乎天天去舅舅家吃饭，这才真正有了"闲钱"买书。虽然此时《读者》改成了半月版，但我仍是一期不落地都买了下来。

至今记忆犹新的，有王树增写的一篇《彩蝶纷飞的幻觉》，描写了朝鲜战争谈判期间，中国人民志愿军为了保家卫国，为了谈判的胜利，在战争结束前的最后关头付出的流血牺牲。有一篇名叫《母亲的舍得》，描写的是母亲在从农村来到子女工作的城市后，如何用善良感化众人的故事。还有一篇是《黑手套的抗议》，讲述了美国黑人田径选手托米·史密斯和约翰·卡洛斯在男子200米项目上分别获得冠军和季军。在颁奖仪式上，当美国国旗伴随国歌慢慢升起时，他们庄严地低下了头，以敬礼的方式将戴着黑手套的手臂高高举起。尽管他们为此被逐出了美国奥运代表队，但呼吁人人平等的举动让他们赢得了奥林匹克的尊敬。

那时候的《读者》，有很多普及知识的"小豆腐块"，让我这个小镇青年，开阔了眼界，丰富了知识面。但更重要的是，《读者》里那些真情流露的文章，让我收获了感动，也使我明白，写文章要想感动别人，首先得感动自己，得有真情实感。正是这样的感悟，再加上《读者》提供的大量素材，让我的写作水平得到了提升，让我建立了自信，这又不断激发我对写作和阅读的兴趣，由此建立了对语文的浓厚兴趣，在高考填报志愿时毅然选择了汉语言文学教育专业。

三、大学与文论结缘

大学期间，我们是搬入新校区的第一批学生，可新校区连图书馆都没有，只是在宿舍旁边的连廊里设置了几个图书阅览室。于是，我就经常流连其间。

记得大学第一个寒假，我从老校区的图书馆借了一本厚厚的《欧洲小说史》，四川大学出版社出版的。一个寒假，硬是让我啃完了，这也为我奠定了一定的西方文学史理论基础。

那个时候，我所就读大学的所在城市有一个旧书店，叫“万卷书屋”，里面摆满了哲学和文学著作，正版而且便宜。不过这个便宜，当然是相对于新华书店的价格来说的，对于我们这样的穷学生，还是比较贵的。但是买书上瘾的我，一看到那些讲西方文艺理论的书，就两眼放光。依然记得，每当看到书里有一两句话说得特别有道理的时候，我就觉得这书买值了，即使这本书是花了我一天的饭钱买回来的。于是，几乎每个周末，我都会跑去这家旧书店，基本都会淘几本书回来。

阅读西方文艺理论，让我有了与以往不同的眼界。看完这些理论，再看小说，便有了更深的认识，对于作品和作者的时代及思想背景，都有了一个概括的认识。

比如，看了米兰·昆德拉的《小说的艺术》之后，再看他写的《笑忘书》、《玩笑》、《不能承受的生命之轻》、《身份》等小说，我对他的作品甚至卡夫卡和塞万提斯的小说的主旨都有了更深的认识。看了海德格尔的《林中路》，我对西方艺术作品的鉴赏便有了更深入的理解。看了伽达默尔的《真理与方法》，我对解释学和接受美学的了解有了突破。

对西方文艺理论的走马观花式阅读，让我获得了与高中时期截然不同的阅读体悟，那就是，对文学作品的阅读，可以通过更多层次、更多视角、纵向和横向、接受历史和文本本体进行深入的研究。这为我后来从事高中语文教学，进行文本分析，作了扎实的铺垫。

四、毕业与当代作家结缘

毕业了，进入中学从事语文教学工作，除了工具书，比如《康熙字典》，我业余读得比较多的，就是当代小说家的作品，比如路遥，比如汪曾祺，比如土家野夫。

路遥的《平凡的世界》，其实第一次读是在高中时期，但毕业之后，我又重新捡起来，再读了一遍。这一次，不光是看小说文本，我还读了路遥写的《早晨从上午开始——〈平凡的世界〉创作随想》，了解了他创作小说的背景。让我感觉收获非常大的，是路遥对文章开头的思考。在这篇文章里，他写道："万事开头难，写作亦如此。这是交响乐的第一组音符，它将决定整个旋律的展开。长卷作品所谓的'开头'，照我的理解，主要是解决人物'出卖'的问题。在我阅读过的长篇作品中，有的很高明，有的很笨拙。最差劲的是那种'介绍'式的出场方法。人物被作者被动地介绍给读者。这种介绍是简历性的，抽象的，作者像一堵墙横在读者与人物之间，变为纯粹的'报幕员'，而且介绍一个人物的时候，其他人物都被搁置起来。人物和人物之间的关系也得由作者交待。等读者看完这些冗长的人物简历表，也就厌烦了。实际上，所有高明的'出场'都应该在情节的运动之中。"

路遥对小说开头的重视，以及对小说开头的认识，让我想起了亚里士多德说的艺术作品是一个有机整体的论述，以及罗丹在《艺术论》里对希腊雕塑的分析。他说，所有希腊雕塑的优秀作品，人物的状态都处在两个动作、两个环节的过渡时期。这个过渡，可以让我们去思索之前发生的故事和之后将要发生的故事，因此，它是动态的、给人留有余地的、引人思考的，也就是一个悬念。

以悬念，即掐取中间环节、过渡环节作为开头，这个观点让我获益匪浅。从此以后，我看小说、写文章，都以此进行对照，发现的确是一个好办法。

除了路遥，我读得最多的是汪曾祺的小说和散文。汪曾祺的小说给人一种整体感觉，就是这是个老头在给孩子讲故事。他慢条斯理，把功夫做足，把悬念挖深，有时候他故意远离主要人物和核心情节，旁逸斜出，但闲笔不闲，既能勾画出另外一个有意思的人的形象，给文章添彩，无形中又为主要人物的性格塑造、性格转变营造了一个典型环境。

汪曾祺的小说，在结构布置上，最重要的特点有两个，一是首尾，二是行文。他经常用一句话开头，看似很普通，实际上很精彩。《受戒》的开头写道："明海出家已经四年了。"看上去很平淡，但却耐人寻味：明海是谁？他为什么要出家？出家的四年里，明海身上发生了什么样的故事？这些都成了悬念，隐隐地勾起了读者的阅读欲望。此外，以明海出家四年为切入点，刚好可以追忆以前的故事，又可以继续展开以后的故事，实在是一个非常好的时间点。而这，只是汪先生小说中很多个精彩开头中的一个，小说《徙》以"很多歌都消失了"为开头，同样勾起了读者的阅读欲望：什么歌消失了？为什么消失？看到开头，就会自然而然地冒出这些问题，想知道答案。很多时候，他也用一句话结尾，有时候是一个广阔的环境描写，比如《岁寒三友》："外面，正下着大雪。"有时候，是一个美好的愿望，比如《大淖记事》："十一子的伤会好吗？会，当然会！"中国画有一种"留白"的理论，汪曾祺将其运用到小说中，使得小说有了一种言有尽而意无穷的感觉。

第二个特点是行文如行云流水。苏东坡说："所可知者，常行于所当行，常止于不可不止，如是而已矣！"读汪曾祺的小说，就有这种感觉，人物的流转、故事情节的转换，都是顺顺溜溜的，有时候甚至有点中国古诗里顶真的意味。

当然，这些分析都是在看过汪曾祺自己写的文论后我自己总结的。这样的总结，让我在之后自己写作，以及指导学生写作的时候，有了更好的理论指导。

当代写人物小说的作家中，还有一个名为土家野夫的。他的小说，和汪曾祺类似，都是写自己身边的人。但有所不同的是，汪曾祺的故事很平常，感情较淡，而土家野夫的小说则更富传奇性，感情也更强烈。他的《乡关何处》、《看不见的江湖》、《1980 年代的爱情》，每每读来都让人潸然泪下。从他的小说里，我读到了动人的真情。

这些阅读，这些体悟，在我从事高中语文教学之后，我都会分享给我的学生，除了让他们学习如何谋篇布局，如何写好“凤头猪肚豹尾”之外，更让他们感受汉语言文字背后的真、善、美，引导他们树立正确的世界观、人生观、价值观。

回首这二十多年的读书经历，我感受到了阅读的神奇魅力，它指引着我不断成长，也指引着我继续前进。

最后，请允许我引用阿根廷著名作家博尔赫斯的一句诗结束此文：

“我心里一直都在暗暗设想，天堂应该是图书馆的模样。”（博尔赫斯《关于天赐的诗》）

（闫　睿　江苏省常州市第三中学　语文教师　教龄 10 年）

2. “偷”故事的孩子王

“你这辈子，注定是要跟笔杆子打交道呀！”

每回和父亲喝酒，他总要和我打趣。

“你小时候抓周，对别的东西瞧都不瞧一眼，偏偏就把那笔和本子攥得够紧，我们大人想要从你手里夺了去，你就大哭。”

父亲认定是儿时的抓周对我产生了非常重要的影响，让我成了一名语文老师。我也时常问自己：这一路走来，踏上教书育人这条道路，是否真的应验了二十几年前的那次抓周呢？

一、“偷”故事

孩童时我的顽劣，四邻八乡都有耳闻，三天惹小事，五天闯大祸。今天向石婶家院子里的水井中倒了一大包洗衣粉，明天又往隔壁的小孩子头上撒了泡童子尿。记忆中，当父亲粗糙有力的手掌打在我屁股上时，奶奶总是在边上拍着大腿，劝着父亲下手轻些。如今回想起来，当年奶奶心里应该既藏着对自己这唯一的宝贝孙子的疼爱和不舍得，又诧异我这顽皮性子怎会和当年抓周的结果如此天差地别。

父亲和母亲白天要上班，周末管不着我，又担心我跑出去惹祸，出门时索性就把家里的门都给反锁了，让我一天待在家做作业。那点儿作业哪能难倒我？一直闷在家里，无聊得够呛，便开始翻箱倒柜，想寻点消遣。这一寻，便让我结了“书本子”的缘。

那本从父亲书柜里翻出来的、布满灰尘的书，隐约记得叫作《中国民间故事精粹》，书页已经泛黄，散发着一股旧纸张特有的味道。当时也是怕极了无聊，小孩子认字也不多，就着插画胡乱地翻看，竟也打发了一个白天。打那时起，每每遭遇“监禁”，父亲的书柜便成了我的“世外桃源”，对书的兴趣也是从那时开始，日渐浓厚，一发不可收拾。

我喜欢读故事书，小学的时候大家特怕写作文，但我却不以为意。家里有着这样一个“藏宝库”（当时我是这么认为的），但凡碰上写作文，我就找本作文选，拈来几个字词，再有选择性地加以修改，便把那篇文章化为己用。那时候，网络也没有那么发达，自以为老师不会识破我的这点伎俩，而今自己当了老师，仔细想想，那时候的我也是天真得可爱。可能正是那本老旧书，让我成了一个“偷”故事的人，把别人的故事“拿”过来，“偷梁换柱”变成自己的故事讲给别人听，有了一种特大的成就和满足感。

之后每一个充斥着西瓜味和知了声的夏日，我把时间全都打发在有着冰凉地板、冷气开得很足的新华书店。一本书，一群小伙伴，一躺就是整个夏天。

直到碰到了我的初中语文老师——孙老师。这事我想了特别久，如果没有当初的孙老师，我铁定不会成为一名跟她一样的语文老师。

孙老师喜欢我的作文，要不然，她为什么每次都把我的周记当着全班同学的面读出来呢？不管我当时写的是科幻小说，还是爱情小说，正是她，肯定了我的作品，让我大胆地想、大胆地写。初中三年，无论小说、散文、现代诗，我都有涉猎。还得感谢当年我的同桌，一位安静而善良的假小子，每次早自习给我打掩护，语文课本下那一张张《古今故事报》，打造了我的文学江湖。

日复一日，我的故事越“偷”越多，越“偷”越精彩，渐渐地，自己也开始喜欢写故事、编故事，随笔本上被我涂满了密密麻麻的文字和修改符号。

“我要当一名作家。”我信誓旦旦地对同桌说。

接下来的日子，书越读越多，即便是王小波深刻沉重的《黄金时代》，我也硬着头皮啃完了。支撑着我读完它的，正是那个少年时代迷茫的梦。

如今，我身后围着一群对未来满怀憧憬的孩子，每堂语文课，我都会把“偷”来的故事毫无保留地讲给他们听。从讲台下那一双双浸润着对知识的渴望的眼睛里，我仿佛又看到了当年那个“偷”故事的自己。我用自己的故事，悉心装饰着孩子们的梦。

二、孩子王

蒲松龄在《学究自嘲》里曾有一首诗：

墨染一身黑，风吹胡子黄。

但有一线路，不做孩子王。

我也没想到，自己竟与“毛孩子”、“书本子”结了缘。作为一名普通人，我打小就没想过要成为一名人民教师，以至于当时填报大学志愿时，父亲跟我起了争执。他本着“这是为你好”这个说法，给我挑了两条路：一是教书育人当老师，二是治病救人当医生。用他的话来说，这都是对社会有贡献的职业。

然而，我并未按着他给我选的路走，甚至对他的想法嗤之以鼻，也许一是因为年轻叛逆，二是我认为他在把他未能完成的理想强加在我身上。我那从没见过面的爷爷是名随军医生，在和我一般年纪时，就跟着当时路过龙游的军队走了。据说是那个连长看他能说会道，喜欢得很，就给带在身边了。爷爷这一辈子虽说短暂，但也还快活，至少我是这么认为的。我在父亲书柜里翻到过爷爷的读书笔记，他写得一手好字，无论毛笔还是钢笔，工工整整，一丝不苟。

“你爷爷当年不容易啊，那时他有什么老师呢？都是靠自己琢磨的。可惜啊，我没把他的这个代给接下去。”这是父亲的原话，我想，父亲让我报考师范或医学专业，很大一部分原因，是想弥补自己当年的遗憾吧。

可我当时偏偏对教师这行业不感冒，毕竟我的理想是当一名作家。在高中的时候，我曾站在讲台上向同学们大声宣告着自己的理想：

“我的理想是成为一名作家，有一所自己的房子，靠着海，得有一个不大不小的院子，栽满花花草草。娶一位不难看、也不漂亮的妻子。每天早上沐浴着第一缕阳光，为她写下一首简简单单的诗，面朝大海，春暖花开。”

海子的“劈柴喂马走天涯”当时在我的心里根深蒂固，我深陷其中，难以自拔。

然而造化总是喜欢同人开玩笑，我也没想到当初那个一身文艺细胞、和父亲争执不休的少年，在俗世中辗转了几年后，会义无反顾地踏上教书育人的道路。也许是人生中每一位教师对我的言传身教，抑或是对残酷现实的妥协，又或许哪一样都不是。

让我改变想法的，可能就是那一个学期的代课经历吧。有着作家梦的我在毕业后迫于父亲的压力，去了一所小学，成了二年级六班的一个“孩子王”。

班里的孩子们喜欢读书，而我也想着法子地把自己所看过的书、听过的故事讲给他们听。他们太渴求文字了，语文课本中的故事早就满足不了他们那黑洞般的求知欲。

我竟不知不觉地喜欢上了这群毛孩子。那时我从他们身上发现，一直没变的，是我那颗孩童般的心。事实上，并不是我改变了孩子们，而是他们改变了我。

此时再回头想想那句老话，一身墨黑衣裳，一把烟黄胡子，这不正是一位有趣的老先生的一种自娱自乐嘛。倘若你不让他当这孩子王，他兴许还不情愿呢。

三、建书屋

当孩子王有一阵日子了，作为一名语文老师，我发现孩子们的阅读量贫乏到令人心疼。愈演愈烈的课业压力和升学负担压得他们喘不过气来，这使得我不免有些担心。童年的时光可不能被这些给占领了，于是我便变着法子地给他们寻一些精神食粮。当年少年鲁迅的长妈妈费尽心思给这位迅哥儿买来“三哼经”，人面的兽、九头的蛇、三脚的鸟、生着翅膀的人、没有头而以两乳作为眼睛的怪物……而我从网上买的带图版的《山海经》，刚到教室就成了孩子们竞相阅读的宝贝。

我觉得，是时候创办一个“三味书屋”了。学生时期读到过鲁迅先生的《从百草园到三味书屋》，那时候不羡慕百草园，唯独向往那个三味书屋。

不久，学校里多了一个由段老师创办的“三味书屋”，起先孩子们并不知道这是做什么用的，但好奇心驱使他们成了我书屋的一员。这里是另一个世界，没有难解的作业，没有繁重的课程，更没有老师的严厉呵斥。这个空间，只为阅读，挑自己爱看的，给别人读自己喜欢的故事。当年语文老师在我心中埋下的那颗种子，如今在我的学生心里发了芽。

“老师，还有没有别的好看的书呀，推荐一下呗！”

“您上次给我们讲的济公的故事还没讲完呢，什么时候接着讲呀？您可是答应过我们的，我们考到了好成绩，您就得把欠我们的故事给补上！”

“我还是比较喜欢您讲的那个民间故事，乌石寺的故事还只讲了一半呢，害得我忍不住上网去查了!”

孩子们七嘴八舌地“质问”我,我看着他们,才了解到孙老师当时心里的想法。“那么,你们想不想加入我的‘萌芽文学社’呢?”高中时期的《萌芽》杂志对我影响颇深,有了“三味书屋”这个良好的开端,我脑海里不禁又蹦出了创办一个小学文学社的想法,编一份属于他们自己的文学报纸,也算弥补了我高中时想要加入校文学社却遭拒的遗憾。

我们的“萌芽文学社”也算是磕磕绊绊地办起来了,虽然是摸着石头过河,但想想能通过书本打开孩子们心里的另一个世界,那就是值得的。一本本书如同一颗颗种子,深深根植在每一位热爱阅读的孩子的心中,也许某一天,它们也会在下一代、下下代的心里长出嫩绿鲜活的新芽。

四、觅笔友

我喜欢把孩子的成长看作文字,而文字浸润心灵的过程是缓慢的。有时候,慢点儿好。

木心先生的《从前慢》说:

记得早先少年时
大家诚诚恳恳
说一句　是一句

清早上火车站
长街黑暗无行人
卖豆浆的小店冒着热气

从前的日色变得慢
车，马，邮件都慢
一生只够爱一个人

从前的锁也好看
钥匙精美有样子
你锁了　人家就懂了

要不，让孩子们开始写信吧？

我不由得想起当年代课时领的那帮孩子，现在也是四年级了。凑巧的是，他们现今的班主任，正是我当年的同窗。我跟她提了这事，她欣然应允。

那天下午，孩子们把自己稚嫩的文字一笔一画、认认真真地写在信纸上，把它们装进五颜六色、各式各样的自制信封里，投进我给他们制作的邮筒中。一封封信件，好像插上了翅膀，从这个小城的最北边，飞往最南边。

“老师，我们的信真的会被他们收到吗？”

“老师，他们认识你吗？”

“老师，他们真的会回信吗？”

“老师，我们的信收到了吗？什么时候才寄回来呀？”

直到某天课间，我抱着一个大大的纸箱走进教室，讲台下的孩子们大半都已猜到了：箱里装着的，不正是他们日盼夜盼的回信吗？于是孩子们的眼睛紧紧盯住我的手，看我从箱子里掏出一封封信，听我大声念他们的名字。被念到名字的，一路小跑上讲台，接信的时候特别神圣，像举行什么仪式似的，紧接着把信揣在怀里，半天舍不得拆。至于还没被叫到名字的，一个个伸长了脖子，望眼欲穿。

小城南北两头的孩子们，通过这一封封信，相互诉说着自己的喜怒哀乐，诉说着各自看过的书、听过的故事还有做过的傻事。

虽说每次回信都要等上一个多星期，不过在我看来，孩子们似乎很享受这种等待。是呀，书信是慢了一点，可这感情，却又更浓了一点。

三毛的笔下有这样一句话："读过的书，哪怕不记得了，却依然存在着，在谈吐中，在气质里，在胸襟的无涯，在精神的深远。"或许从孩提时代起，你读过的一本本书的名字，或是内容你已经忘却了，然而它们在你心中埋下的种子，正慢慢地在那浸润着岁月的土壤中生长，等待着冲破坚硬的外壳，茁壮成长。我是一名语文教师，也曾是一个"偷"故事的孩子，更是一名愿意和你讲故事的人。

嘘——或许，下一个"偷"故事的孩子王，就藏在那些嫩芽里。

（段乾曜　浙江省衢州市龙游县士元逸夫小学　语文教师　教龄 2 年）

3. 既见君子，云胡不喜

书即君子。歌德曾经说过："读一本好书，就像和许多高尚的人谈话。"与如此多高尚的人交谈，如何不叫人心生欢喜？

读书伴随一个人一生的成长。格雷厄姆·格林在他的书中这样写道："或许只有童年读的书，才会对人生产生深刻的影响……孩提时，所有的书都是预言书，告诉我们有关未来的种种，就好像占卜师在纸牌中看到漫长的旅程或经由水见到死亡一样，这些书都影响到未来。"

既然阅读会影响人的一生，那对书的挑选与读书的方法就显得尤为重要。忆起自己读书的经历，虽然并没有可以沾沾自喜的地方，却也有可取之处。因为阅读总是在人生的关键时刻给我不懈的动力，为我指明前行的方向。

一、风

风过，星火燎原。

幼年时读书，不求甚解，浅尝辄止，看山是山，看水是水。

记得很小很小的时候，我最大的爱好就是看书。因为父亲是新华书店的会计，他们每一季度盘货的时候，总会剩出一些或是印刷错误，或是报废的样品书籍，正好带回家中。

太小时看的书，已经记不清了。最早的记忆便是三年级时阅读的《简·爱》，厚厚一本，上面密密麻麻全是文字。这便是我最早的文学启蒙。后来我喜欢的每一个故事中的主人公总是倔强的、善于反抗的。再后来，我读了大仲马的《基督山伯爵》，读了小仲马的《茶花女》，读了陀思妥耶夫斯基的《被侮辱与被损害的人》，读了司汤达的《红与黑》……这些拗口的、难记的外国人名便是我童年最值得骄傲的资本。后来母亲说，中国人也有经典名作。于是我开始尝试去读鲁迅、老舍、林语堂、巴金……最后开始接触《红楼梦》。当时年岁太小，不懂事，我总觉得鲁迅的文字读起来费解，老舍的散文多半不是我喜爱的题材，林语堂的故事没有外国的那些公爵小姐有趣，也就勉勉强强读了巴金的"爱情三部曲"，其实真正读完的也只有《家》。

书看得多了，越发追求情节跌宕起伏，刚开始并不觉得。只是这些书在无形之中对我年幼时的人生观、世界观产生了潜移默化的影响。因为读得多，懂得也多。课堂上，别人答不上来的，我多少都能说到一些，阅读理解、日记作文的水平也日渐增长。语文学习自始至终都伴随着兴趣。直到现在成了教师，我对我的学生的要求也是：尝试阅读更多类型的书，不求甚解，但求心中喜欢。同时我自费购置许多希望孩子们去阅读的好书，并开出书单，为他们提供肥沃的阅读土壤，让他们自由地阅读。因为我坚信：

第一，幼年时读的书对人的人生观、价值观、世界观的形成的影响是巨大的。因此，引导孩子读什么样的书，是家长以及老师的必要职责。孩子必须在健康的土壤上成长发育。

第二，幼年时读书，没有必要刨根究底，自始至终保持旺盛的阅读兴趣即是最好的。

慢慢地，在这样的尝试之下，孩子们在语文阅读的课堂上始终保持着激情。他们对于同一本书、同一篇文学作品常常有着不同的解读方法。他们通过自己的阅读方式来获取最适合自己的阅读体验。阅读之星火可以燎原。

二、雅

久读书，文雅通达，明故事。

少年时读书，钻研读书之道，看山不是山，看水不是水。

渐渐长大之后，我幼年时懵懵懂懂的读书之法立刻显现出了它的弊端。记得那时，我读《三个火枪手》只顾记里面刺激、有趣、惊险的情节，常常为达达尼昂的一系列举动长吁短叹。读《红楼梦》时更加可笑，我把书中的人物罗列出来，花了几天工夫，做出了一份人物关系图，甚至还沾沾自喜，以为得到了书中的精华。

在初中的一堂语文公开课上，老师提了一个关于夏洛蒂·勃朗特的问题。我自觉又到了可卖弄的时刻，便脱口而出作品《简·爱》，霎时间几十双眼睛齐刷刷地投向了我。老师似乎比较满意，她随即很自然地问："最喜欢书中的哪一段？"我脑海中闪过的无非是一些跌宕的情节，如古堡里的疯女人之类。刚想张嘴，老师却说："是不是最感动于简对'平等'的那段宣言？"平等的宣言？这是哪一段？我搜索枯肠，竟无半点印象。我呆呆地站在那里，老师似乎看出了我的窘迫，期待通过提醒让我回忆起书中的内容:“我们的精神是平等的,就如同你我走过坟墓,平等地站在上帝面前。”我仍然回忆不起有关这段的一星半点。老师无奈,说了一句:“看书可以再仔细一些。”

这件事早就过去十多年了,可我还是记得那样清晰。我知道其实那和“仔细”二字无关,而是自己的阅读方法出现了问题。一本书的精华之所在我竟然全无半点印象,那我为何阅读呢?我给自己提了这样一个问题。

于是,我便开始思考,我们能从书中获取什么?工具书,能帮我们解决当前遇到的问题;理论书,能为我们理清工作的思路;教科书,是我们学习知识的工具;而文学书呢?她究竟有什么样的用处呢?一旦关注阅读的核心,不求甚解、浅尝辄止之道立刻就显得浅薄了。而此时,我的解决方法则是边读边做批注,边读边做摘抄。将自我的生活体验与书本发生联结,使书本和自身的生活形成反哺的关系。

首先,做批注。阅读时,哪句话自己不理解,便在一旁标注出来,等到书读完了再看看自己是否能够理解。如果理解了,就将自己的想法记在一旁。随着时间推移,我的想法也会发生变化。

其次,做摘抄。阅读时,作者总有几句精妙之句,碰到这样的句子,舍不得读完放一旁,我便摘抄下来,一有空闲,便回味一番。

例如,读余秋雨的《文化苦旅》,我便在书页边写上自己的想法,有时写着写着,便发现,自己的生活中也曾经有这样的困惑,今朝的阅读正好解惑了。抑或是,曾经的自己有这样的感悟,却不知道如何用语言文字表达出来。

再比如,后来读《红楼梦》,我不再醉心于什么复杂的人物关系图,而是尝试着做好摘抄。读到《好了歌》以及《好了歌注》,发现并不能读明白,却又感觉懵懵懂懂了解了些什么,便把它们摘抄下来,时常拿起来读一读。随着生活阅历的逐渐增长,这段文字的意思就会更清晰一些,而我对《红楼梦》的理解也更深一层。

渐渐地，我便理解，文学作品中，不只有情节，还有“思想”。阅读能获得思想，阅读能带给人不一样的人生境界，这是多么划算的一种投资！

所以我常常鼓励自己的学生在阅读时多做摘抄、批注，少走弯路。但是我还是发现，学生年幼，这当中的一段弯路，看来是必走不可的了。

三、颂

专精诵读，昼夜不息。

青年时读书，力求书本为我所用，看山还是山，看水还是水。

就读师范学校后，文学作品的阅读仍在继续，这个时候阅读显示出了她更为高尚的作用：除了带给人思想，还指导人的活动。

师范学校的课程分为两类：一类是有关教育教学的；一类是有关语文课程论的。我自以为掌握这些，就可以走上三尺讲台，成为一名老师了。然而越学越发现，教师似乎并不只是传道授业解惑，任何看似细枝末节的问题都会影响你的课堂教学。

师范生都有必读书目，其中一本赫赫有名，那便是苏霍姆林斯基的《给教师的一百条建议》。一开始我把她当成故事书读，似乎书里包含的是一个个颇有趣味的小故事，就和《读者》、《意林》里的没多大区别。但她毕竟不是情节曲折、夺人眼球的趣味故事书，很快我便失去了兴趣。于是，我很自然地将她丢在一旁，仍旧关注那些难啃的教科书，总觉得只要将里面的理论理解、吃透，课堂上便不会再有任何难题。

一上讲台，便觉得天天围着课本、教案转都来不及，旁事自然无暇顾及，只能“心无旁骛”地教书。阅读一事便放在一旁，再无心去关注了。谁知才当了一周的老师，问题便接踵而至。原来不是老师说“安静，坐端正”，学生就会安静、坐端正的；原来不是学生们回答“听懂了”，就代表所有孩子真懂了；原来所有的理论知识在实际操作过程中都需要经验的支撑。怎么办呢？问有经验的老师，只能解决当前出现的问题。要想未雨绸缪，只能再用书本武装自己。

这时，我跳脱了只围着课本、教案转的思维定式，转而重新阅读。读什么呢？当然不是纯粹的理论书。这时，苏霍姆林斯基的《给教师的一百条建议》再次映入了我的眼帘。重读这本书，让我深切地感受到，这可不是一本“故事书”，这分明是老师的“工具书”！上面每一条都详实地记录了教育教学环节中会出现的一些很细小的问题。这些问题看似小，但左右着你教育教学的效果和效率。最基本的就如：如何制定一个规则？怎样关注到班级里的后进生？她甚至还手把手地教你如何管理自己的时间。那天我一口气就看了半本书，虽然有囫囵吞枣的嫌疑，但里面的内容着实打动了我。想到这是一本 20 世纪的书籍，却仍然能够指导现今的教学，不得不佩服作者的教学智慧与治学态度。当我发现了阅读的最高真理之后，我又重拾书本，开始了新的阅读之旅。

既然阅读不仅能带给人可贵的思想，而且能指导人的工作与事业，那读什么就显得尤为可贵。中国的老祖宗们也留下了许多有关教育的宝藏，比如《论语》、《学记》等经典著作，这对我而言又是一场饕餮盛宴。

渐渐地，我在教学中有了章法可循，不仅仅关注教学的内容，更关注教学的手段。例如对于一句话或一个问题，怎样说，在什么时候说，说完后怎样检验学生是否听懂，我都有了一套行之有效的方法。再比如，我学会了如何合理安排一天的时间，使自己不但能关注教学工作，还能多阅读、多积累。

就这样，我的教学工作一点点走上正轨。有了上次的经验后，我越发明白：学习是永不停歇的过程；阅读，大量的阅读，是源源不断获取能量的重要途径。在之后的阅读中，我又发现了一本“工具书”——《有效的课堂管理》，这是英国人杰伦迪·迪克西所著的教育著作。这本书更加细致，连对上课时如何注视学生、请学生回答的顺序如何安排等问题都有详细的论述。书本真是教学智慧生长的沃土，人们常说用理论武装自己，这下我算是亲身领会了。

我开始不断纠正自己的错误观念，关注自身的一言一行。在课堂上，学生越来越明确自己的学习任务；在班级管理中，调皮捣蛋的孩子越来越明确规则的含义。这些点滴的进步，如果靠自己的领悟去获取，可能需要经历漫长的时间甚至付出惨痛的代价；而通过阅读，则可能让你早早站上巨人的肩膀。

阅读在我成长的三个阶段，给了我巨大的帮助：

一开始，她教会我怎样看待这个世界，辩证地理解这个世界；

慢慢地，她教会我发现自己认知中的盲点，并正视它，积极地应对；

后来，她教会我武装自己的思想，指导自己的事业与人生。

我们老师的工作与众不同，不在于社会地位，不在于工资薪水。因为它不是惠及一个人、一个团体，而是惠及一代人、一个民族。我们面对的是波澜壮阔的事业，面对的是绚烂如朝霞的稚子少年。因此，教师的阅读更为重要，意义宏大。

我在幽兰相伴的午后，趁着大好时光，翻开一本书，快乐知足。既见君子，云胡不喜？

（陈婴婧　上海市世界外国语小学　语文教师　教龄6年）

4. 落地的麦子也会长出新芽

我老家在孝感农村，父母是地道的农民。我的小学语文老师是个姓张的老头，脾气很大，但课上得很好。我们背地里喊他“张老头”。小镇上有家门脸很小的新华书店，每次连环画《童年》一到，“张老头”就兴奋地让我“撺掇”小伙伴凑钱去买。几个小伙伴飞也似地奔向书店，回来把书交到“张老头”手上。他一脸笑意，马上到教室大声念给我们听。

从“张老头”算起，一直到高中毕业，我遇到的语文老师都是喜欢看书的。他们卓尔不群的个性，他们风格各异的课堂，有着一个共同点，那就是学识深厚，文学韵味十足。我暗暗想，今后我也要当一位有本事的语文老师，给我的学生上课，让他们也喜欢语文。上大学时，我选择了中文系，也许这个专业对于就业赚钱来说是个冷门，可在这里有我想要的读书生活，也有我追求的梦想。

二十岁那年，我幸运地成了湖北孝感师范专科学校中文系的学生。

大学的班主任老师名叫“熊熊”，是一位玉树临风、风度翩翩的中年讲师。他学识渊博，讲课生动。我在他的鼓励下，背出了当时令人望而生畏的《离骚》。每年，我都能拿到奖学金。

有了书香，人格才有芬芳。大学里与书为伴，尽管简单，可纯粹追求知识的激情让我生活得快乐又充实。我觉得自己的"当一位有本事的语文老师"的梦想越来越清晰了。

一、读书连着素养

初为人师，我既紧张又兴奋，踌躇满志。每次上课之前，总要反复翻阅教学参考，把教学参考上的分析囫囵吞枣、不加分辨地塞给学生；有时过分看重分数，考虑自己的面子，总是摆出一副严面孔对待学生；盯住语文考试题目，煞费苦心地研究来研究去，还以此作为标尺来讲课；很多文章自己也缺少深刻理解和涵泳，却堂而皇之地到讲台上去照本宣科一番。

那时候，我对这样的语文教学生态厌倦不已。我辛苦又迷茫，苦闷又尴尬，有一种扎心窝的疼痛。"屋漏偏逢连夜雨"，一位沉默寡言的学生问我"疲惫"的"惫"字怎么写，我想也没想，就写了"病字头"里面加一个"备"。之后他笑着对我说，杨老师好像写错了，应该是"备"字底下加一个"心"字。霎时我的头"嗡"的一下，脸发烧，无言以对，羞愧得无地自容。从此"疲惫"一词就成了挂在我心头的一块耻辱牌，时时刻刻警醒着大学中文系毕业的我。

面子丢了，为了那个"当一位有本事的语文老师"的梦想，我必须"回炉"，一切从头开始。我一头扎进书堆，为自己制订了"文化计划"：我的专业背景是汉语言文学，因此夯实自己的教育理论功底与开阔自己的人文视野成为我阅读的主要方向，研读有坡度的书，精读经典的书，深读有大情怀的书。

刚参加工作那会儿还没有互联网，购书一般都要到城市书店，我把微薄的工资中的一大半都拿去买书。刘国正先生主编的《我和语文教学》这本书，是教书受挫后照进我心灵深处的第一缕阳光。此后我陆续购买和阅读了叶圣陶的《叶圣陶语文教育论集》，王富仁的《语文教学与文学》，余映潮的《余映潮阅读教学艺术50讲》，钱理群的《我的精神自传》，钱理群、孙绍振、王富仁的《解读语文》等教育专著。

读王栋生老师（笔名吴非）的《不跪着教书》、《前方是什么》，我懂得了如何守护教师的尊严，意识到了知识分子的文化担当；读《陶行知全集》，我又给了自己一次人文教育思想的洗礼；读《于漪语文教育论集》，我感佩于大师的教养与教育的和谐统一。

在教育的理想、信念上，苏霍姆林斯基是我最为心仪的大师。他悲悯的情怀、对人性的尊重，蕴含在无数个鲜活的案例和对话中，我仿佛看到了一个人之所以成为人的尊严，感受到了作为一个教师的悲欢与忧乐。

还有西方的名著、战争史、哲理书等，我读过之后非常激动和沉迷。

就这样，我把时间的碎布裁剪成岁月的成衣，在浩瀚的书海里畅游，体验到了“活水源流随处满，东风花柳逐时新。金鞍玉勒寻芳客，未信我庐别有春”的畅快。阅读无声地润泽着我，我终于领悟到：读书就是最忘情的备课，读书就是最有力的教研，书中的教育理论就是“当一位有本事的语文老师”的有力支撑。

我的课堂开始变得有活力，我的语文课开始变得有吸引力，学生的成绩也节节上升。“看东方时空，写精彩故事”的大语文活动得到了北京专家们的肯定；我远赴南京参加公开课比赛，获得二等奖；我发表了第一篇论文。

二、读书连着课堂

读书改变了我，同时也改变着我的教学。

来到上海，我连续三届被评为区骨干教师，虽然这时候我的教学已经很纯熟，但同事和朋友对我的语文课的评价是：有内容无精神，有特点无风格。

一位教研员朋友郑重地告诫我，要独立编写富有个性的教学设计，尽量少留作业，所有试题自编自创，不允许用现成的试题。这对我是全新的考验和挑战。

语文课，这条从一个心灵走向另一个心灵的道路，注定是艰难的。作为学生的引导者，教材是我必读的书目，并对其烂熟于心，这是我和老师对话的基础。同时，教一篇课文，深度认识一位作者，努力了解这个作家的全貌，已成为我的习惯。

为了语文的“精神”和“风格”，我还是从看书入手，上下求索。上艾青的《我爱这土地》时，我把他的《北方》、《归来的歌》等诗集全都找来，一本本阅读，感受他对光明的热烈向往与追求。上林清玄的《百合花开》时，我更是把自己整个儿地淹没在林清玄的散文集中。晚上，我静静地坐在书桌前，读他的《冷月钟笛》、《温一壶月光下酒》，从一篇篇文字中，感受他的清新、醇厚，及平易中的感人力量。上欧·亨利的《二十年后》时，我找出契诃夫、莫泊桑的短篇小说，发现三位大师在描写小人物故事上各有所长，以及他们各自的“欧·亨利式结尾”。

钟启泉先生说，如果说语文教育就是对人的开发，对人的潜在的情感与素质的精神性开发，那么，语文老师的自身的素养与能力是决定性的。

因此，为了语文的“精神”和“风格”，我尽量摒弃教参上别人思考出的话语系统，开始独立编写教学设计。在钻研文本的过程中，我始终坚持两种思维活动：一是靠逻辑思维，读出文章内在的“理”；一是靠形象思维，读出文章内在的“情”。我经常会在教案中添加一部分自己对文章的思索与感悟。

在课堂上，为了语文的“精神”和“风格”，我经常与学生对话互动。在教学散文《阿长与〈山海经〉》时，我向学生抛出了两个问题：一是鲁迅没有专文写过自己的母亲，却写了这篇怀念保姆的文章。这位保姆不能识文断字，又有些愚昧迷信、粗俗普通，鲁迅为什么要写她？二是从文末“仁厚黑暗的地母呵，愿在你的怀里永安她的魂灵”的话语中，我们能体会到鲁迅先生怎样的情怀？同学们的对话很精彩，在几经交锋后，出现了很多的解读：阿长是善良的，对孩子有祝福之心；阿长是淳朴的，她为孩子着想；阿长是真率的，她爱护孩子；阿长是细心的，她关心孩子；阿长帮助买《山海经》，让鲁迅最感动，永远不忘。鲁迅对阿长是感激和敬重的，永恒的感激又化作永久的怀念，他对长妈妈在天之灵的祝福，也是对天下善良人的衷心祝福！这是在对话发生前意料不到的、很有价值和意义的发现。我很是欣慰。

三、读书连着远方

2006年8月下旬，我和另外四名老师带着上海市嘉定区人民的深情厚谊，告别亲人，到云南省迪庆州德钦县第二中学（简称“德钦二中”），开始为期一年的支教工作，这是我的一次教育远行。

德钦二中地处高寒地带，刚去时我有些高原反应，但我仍然坚持夜晚读书。学校有时候停电，我就和学生一样点起蜡烛继续读。

在观察德钦二中教育的同时，我也日夜思考着一个问题：德钦二中的教育究竟靠什么去引领和发展？为了破解难题，我深入研究了上海市育才中学、上海市嘉定区普通小学在建立校园文化方面的实践探索，心中终于有了大致思路。

一天夜里，大家围坐在木板房里的火炉旁，爽朗的阿瓦琪校长和他的藏族教师团队请我们喝酥油茶。我拿起木质碗杯，在木桌上摆出了一个三角形的形状，分别以“智慧”、“爱心”、“和谐”作为三个角，中间一只大碗代表“二中发展”，用手指蘸上青稞酒画线，将彼此连接起来。对于如何诠释这几个概念，我们达成了共识：爱心生长智慧，智慧创建和谐，智慧、爱心、和谐共同指向二中的发展。这一基本思路成为师生所共有的信念和价值观。

这个阶段的读书，我聚焦在课题研究上，通过深入了解德钦二中的现状和历史，我思考设计出了《“智慧、爱心、和谐”引领边疆山区学校发展的实践研究》的学校科研课题文本，该课题被立项为迪庆州重点教育课题。“智慧、爱心、和谐”的实践研究有力推动了学校教师队伍的优化，产生的精神力量深深地熔铸于学校教师群体的生命力之中，从而使学校步入发展的快车道。

2007年，在云南省教育厅主办的第四届“走进新课程”中小学教育教学优秀论文征文活动中，我所撰写的论文《语文教师与实践智慧浅析》荣获一等奖。

如果说云南德钦支教之行是我读书的实地远行，那么我在支教时的科研与写作就是读书的精神远行。临别之际，我参与主编二十五万余字的《大山深处一面旗》，为我的教育远行画上了圆满的句号。

我的科研和写作，不是为了赶时髦，不是为了评比，也不是为了出版而写，而是一种表达的需要，一种研究的梳理，一种热爱的倾吐，一种生命的反省。

把遇到的问题千方百计解决好，提高读书和教书的效能，不跪着读书，也不跪着教书，就是我的追求。起初是“荒腔走板”，后来慢慢从“忍受”走向“享受”。我陆续参加了上海市、嘉定区的多项重点课题研究，还在全国中文核心期刊《中学语文教学》、《语文教学通讯》、《中学语文教学参考》上发表了数篇语文专业论文。

再过八年，我就六十岁了，但直到今天，我“当一位有本事的语文老师”的初心依然不变。哪怕语文的“精神”和“风格”难以追寻，我也依然要把书认认真真读起来，把书实实在在教下去，因为我相信，落地的麦子也会长出新芽。

（杨敬奎　上海市方泰中学　语文教师　教龄30年）

5. 阅读带领我走向远方

“众鸟高飞尽，孤云独去闲。相看两不厌，只有敬亭山。”阅读就是我生命中的“敬亭山”，已融入我生命之中，让我不断地认识自己、完善与提升自我，从一名普通的农村学校教师成长为区教育学院的科研员。

一、浏览带来灵感，教学有了突破

二十多年前，我在农村一所中学教英语，谈不上懂什么教学方法，只是把课文中的单词、词组、语法“塞”给学生，要求他们背单词、背课文。学生一直被我“抓”在手里，成绩不好也不差，但是师生都很辛苦。那时，限于学校的条件，外出学习机会很少，也鲜有机会得到专家的指导。同时，学校图书馆里关于教师专业发展方面的书籍也少得可怜。因此，像我这样的菜鸟级教师一直处在懵懂状态，谈不上什么专业发展。

在忙碌之余，我经常翻看手边的报纸，浏览《读者》、《中文自修》等杂志。一次，在浏览《中文自修》时，“长作业”三个字映入眼帘。这是一位语文老师写的文章，文中介绍了如何用长作业来激发学生的学习兴趣，提高学生的语文综合素养。我一下子就喜欢上这篇文章，读了好几遍。我想英语学科教学中应该也可用这种方法，但是怎么用呢？没有现成的答案，我就去探究。于是，在同事们的帮助下，我申报了人生中的第一个课题——“初中英语长作业的实践研究”，并且很幸运，它被立项为区级重点课题。

为了做好这个课题，我不仅学习了多本市级、区级的科研成果集，学习了课题申报及成果的书写格式，而且学习了市英语教研员朱浦老师的多本有关英语教学的专著，以及杰里米·哈默的《怎样教英语》等，学习了英语教学的方法论。

经过三年教学实践，我的英语长作业课题终于成功结题。在这个过程中，我的专业素养有了很大提升，成为区级骨干教师，为后面成为中学高级教师奠定了坚实的基础。当然，学生是最大的受益者，在长作业的熏陶下，大家学习英语的热情被点燃，孩子们“玩”得不亦乐乎。

二、品读丰富理念，育人有了经验

记得我年轻的时候，喜欢成绩好的学生；对于成绩落后、行为习惯不好的学生，总是感到头疼而且疲于应付。有一次，学校组织老师们阅读雷夫·艾斯奎斯的《第56号教室的奇迹》，我被深深地震撼了：原来教师可以做得这样好！在这本书里，我看到雷夫老师独创的阅读、数学等基础课程深受孩子们喜欢，他们如着迷般每天提前两小时到校，放学后数小时仍不愿离去。在雷夫的引导下，孩子们的品行发生了令人惊异的变化，个个谦逊有礼、诚实善良，并收获了受用一生的财富——高尚的人格和坚韧的信念，长大后他们纷纷顺利进入哈佛、普林斯顿、斯坦福等美国的常春藤名校就读。我最感动于雷夫的这样一句话："着力于孩子的品格培养，激发孩子对自身的高要求，才是成就孩子一生的根本。"每个孩子都是天使，要从爱每一个孩子出发，学会欣赏其优点，包容其缺点，智慧地设计合适的教育教学活动，让每个孩子都能在原有的基础上健康、快乐地发展，这是我当时得到的启发。

于是，面对处于青春期的初中学生，当时作为年级组长的我开展了"落地式主题活动在青春期教育中的探索与实践"区级课题的研究。在研究的过程中，我指导学生阅读《怎样度过喜悦的青春期》；指导学生与家长共同阅读《父母怎样为孩子的情绪解套》、《百年哈佛教给学生的人生哲学》、《傅雷家书》；指导教师阅读《班主任兵法》、《后"茶馆式"教学》等，并结合自身体会撰写读书心得，开展读书交流活动。通过读书、学习和交流，让学生更好地认识自己；让教师、家长了解青春期学生的身心发展规律，并用科学的方法对孩子进行教育与引导。

在不断的阅读、理解和实践研究的过程中，我渐渐找到了学习和研究的方法，丰富了自己的教育教学理念，这对我之后的工作产生了深远的影响。

三、研读指引方法，科研有了路径

2011年，因为岗位调动，我来到教育学院做科研管理工作，虽有课题研究经历，但是作为科研员，我在研究指导方面缺乏高度。除了参加市级科研骨干班的培训和岗位的实战演练外，我就和各类科研书籍"杠"上了。

来自一线的我对叙事较为擅长，因此，"长三角教育科研丛书"中的《智慧教师的50个创意》、《课堂改进的30个行动》、《教师成长的40个现场》等教师研究的优秀作品，成了我做科研工作的"敲门砖"。对这些书，我反复研读并做读书笔记，逐渐发现，一个好案例具有议题小而新、内容翔实、方法独到、语言生动等特点。经过一段时间的学习和研究，我在叙事性案例的撰写能力方面有了快速提升。五年之内，我撰写的一篇案例获得“黄浦杯”长三角城市群教育科研征文评选活动一等奖，两篇获二等奖，其中两篇案例入选“长三角教育科研丛书”。同时，我还研读了张肇丰老师的专著《从实践到文本：中小学教师科研写作方法导论》，了解了论文、研究报告与案例撰写的特点、结构和语言。我结合自己的写作经历和基层教师的案例，多次为基层青年教师开展“案例的撰写”专题讲座，并举行案例交流会，自己也从中获益匪浅。

我始终认为科研与教研是融为一体，相互促进的。因此，我以课题“基于‘评估—改进’的中学职初教师课堂教学综合评价的研究”为抓手，提升自己的研究能力。在做情报综述的时候，我研读了《中学教师专业标准（试行）》、余林的《课堂教学评价》、刘本固的《教育评价的理论与实践》、刘要悟的《教学评价基本问题研究》、刘志军的《课堂评价论》等，了解了课堂教学评价方面的国内外动态；研读了《上海教育情报》等杂志，学习情报综述的撰写方法。在课题研究中编制三级中学职初教师课堂评价表遇上困难时，我从学院图书馆借阅了郅庭瑾的《教会学生思维》、周彬的《课堂方法》、郜亚臣的《教育，让人生更美好》、罗伯特·J·马扎诺等人的《有效的课堂管理手册》、马友文主编的《拿什么打开思路：名师最吸引学生的课堂切入点》、严永金主编的《让学生的思维活起来：名师最激发潜能的课堂提问艺术》等有关课堂教学方面的书籍，进一步了解课堂、研究课堂，逐渐摸索出合格课堂的五大关键要素和胜任课堂的十大具体指标，最终为职初教师量身定制了具有成长梯度的课堂教学评价合格表、胜任表以及个性表。课题成果在2016年“第三届长三角地区教育科研优秀团队、优秀个人与优秀论文”评选中获优秀论文一等奖。

另外，平时我会关注教育与新闻类的微信公众号，了解国内外热点新闻，把握教育动态；还学习了SPSS，学习如何处理研究数据和撰写调查报告，用数据说话，为教研提供方向与咨询，为提升区域教育教学质量提供实证依据。渐渐地，我的科研工作有了层次，有了系统，也有了一定的深度。

海伦·凯勒告诉我们："一本书像一艘船，带领我们从狭隘的地方，驶向生活的无限广阔的海洋。"成为一名具有文学底蕴、技术力量、人格魅力、教育情怀与艺术修养的教师，是我的理想与追求。因此，我静心阅读，积聚力量，不断从中领悟教育的真谛，走向人生的远方。

（高　瑛　上海市金山区教育学院　科研员　教龄 26 年）

体验

教师读书的30种体验

第二章
读名著山重水复

经典之所以是经典，不应该是有多少人赞美过它，而是它真的能帮助你认识当下的世界与自己。如果它不能做到这一点，要么是你的功力真的还不够，要么是它真的其实也没什么。

——刘瑜　《从经典到经验》

6. 结缘黑格尔

黑格尔的《小逻辑》是一本启人心智、引领人生的名著。我在接触《小逻辑》之前，黑格尔于我只是一个与哲学关联的人名。后来十多年来我坚持阅读黑格尔，虽没能进入他的思想殿堂，但是已从门口探望到了这座殿堂的宏伟和深邃。黑格尔改变了我的精神生活。

一、中道逢嘉友

我读哲学，最初没有兴趣，但为了语文教学，觉得自己应该学习一点西方的哲学知识；最初接触的也不是黑格尔。2001 年，在三十八岁时，我买来罗素的《西方哲学史》，闲暇时随手翻看几页。通过这本书，我才知道康德原来是一位伟大的哲学家。我便买了他的"三大批判"，煞有介事地读起来，但懵懵懂懂、云里雾里的，没有读懂，也没有读完。

2006年，在新华书店看到了《邓晓芒讲黑格尔》，我站在书架前翻阅半天，最后买下了这本书。邓晓芒教授说，读别的书，读不懂就不懂，没有收获；而读《小逻辑》，读不懂也有收获，它训练了你的思维。于是我就买了一本《小逻辑》。虽然以我的专业和思维水平，并不具备理解《小逻辑》的能力，但是换一个角度看，《小逻辑》的语言雅致、洗练，处处闪耀着思想的火花，是一本优秀的语言教材，值得一读。

我在阅读《小逻辑》的过程中逐渐产生了兴趣。于是每天用两个小时的时间，阅读这部哲学专著，我要读懂它！"超星"是一个很好的网络图书馆，我在上面查阅到不少解读《小逻辑》的书。不过有的书应该读纸质版的，比如W·T·斯退士的《黑格尔哲学》、张世英的《黑格尔〈小逻辑〉绎注》、黑格尔的《逻辑学》等。到目前为止，我的小小书橱里摆放了17本跟黑格尔有关的书。黑龙江大学的卿文光教授句读《小逻辑》，网上有他讲课的音频，我下载后，饶有兴味地听完了他的课。我的第一本《小逻辑》很快散掉了，上面记了不少我的思考，我就把这本破散的书收藏起来，可惜搬家时弄丢了。我买了第二本《小逻辑》，暑假带回老家，一位挚友看到了，要借去读，我就送给他了。回台州后，又买来一本，不久也散掉了，找到新华书店，书店赔了我一本。

图一　我的藏书：《精神现象学》

2010年，我从网上搜索到邓晓芒教授句读《精神现象学》的讲课视频，于是每天早上四点半左右起床，看到六点十分，然后洗个冷水澡，带着几分踌躇去学校。在看讲课视频的过程中，我认识到这部著作的价值，知道哲学就是让思维的内容与思维的对象相符合的思想方法。过去以为，感觉到的事物是具体、真实的；现在看来，感觉中的事物是变动不居的。没有规定的反而是抽象的；概念是规定了的，有了内容，才是具体的。理解了主奴意识，我开始思考如何对待学生，如何培养学生的自我意识等问题。我用两年多的时间，坚持看完了邓晓芒句读《精神现象学》的视频，在书上写下了密密麻麻的听课笔记。

因为教学的需要，我走向了哲学的花园，用心钻研、专一阅读，希望有可能遥望见黑格尔的“宗庙之美，百官之富”。

二、试登山岳高

在读黑格尔的过程中，我似乎是不自觉地联想到现在所谓的“语文”课程。黑格尔在《小逻辑》中说：“人人承认要想制成一双鞋子，必须有鞋匠的技术，虽说每人都有他自己的脚做模型，而且也都有学习制鞋的天赋能力，然而他未经学习，就不敢妄事制作。惟有对于哲学，大家都觉得似乎没有研究、学习和费力从事的必要。”这不是在讲语文吗？其他学科需要专门的知识，教语文似乎就可以不接受专门的训练，非中文专业的人，包括体育教师都可以转行教语文。谁都可以对“语文”教育指手画脚，语文科目往往备受社会质疑和诟病。黑格尔在《精神现象学》中说：“真理就是它自己的完成过程，就是这样一个圆圈，预悬它的终点为目的并以它的终点为起点，而且只当它实现了并达到了它的终点它才是现实的。”我由此想，培养学生理解和表达的语言能力，这是课程的目标，需要通过教学，经历一个长期的过程来实现。一旦学生理解和表达的语言能力达到了课程规定的水平，我们的教学目标便不再仅仅是目标，而变成了现实。

黑格尔不断地启发我对“语文”学科进行思考。对于“言语”与“语言”，用黑格尔的“有限”与“无限”两个范畴及其关系的思想来解释，与韩雪萍、李海林等人的理解恰好相反：每一个人的言语必须遵守语言规则，言语的无限是量的无限，本质上还是要受到语言的限制，因而是假无限；语言在个人的言语之外独立存在，它不依赖于数学、物理等学科而存在，自己规定自己，因而是真无限。我写了读书笔记《对言语与语言的哲学思考》，开始自觉地运用黑格尔的思想思考"语文"课程的问题。2009年，我从哲学的角度在概念的层次上分析"语文"，写出的《作为学科名称的"语文"的软肋》一文，发表在《语文学习》杂志上，这是读黑格尔后发表的第一篇文章。2010年，关于"教学内容的确定性"的问题，语文界讨论十分热烈，我认识到专家们讲的"确定性"仍然处于变动中，不是最终的确定性。通过深入研读哲学，对"确定性"进行辨析，看到"确定性"具有规定性、统一性、纯粹性、普遍性等特点，我写了《浅论"教学内容的确定性"之"确定性"——兼与王荣生先生商榷》一文，发表在《语文教学研究》杂志上。到目前为止，我有四篇文章获得省、市论文评比一等奖，在省级以上杂志发表文章近三十篇。

一边读黑格尔，一边思考"语文"课程的问题，我逐步走上了中学语文教学的研究之路。语文界有两个长期争论的根本性问题：一是语文是什么，一是语文的性质。这两个问题都属于本体论和认识论的问题，西方古典哲学研究的正是本体论和认识论，而黑格尔是古典哲学的集大成者，把本体论、认识论和逻辑学有机地统一在一起，而且他的从概念到概念的思辨方式已经具有了语言分析的倾向。黑格尔是一个承前启后的哲学大师，用他的《小逻辑》和《精神现象学》的思想来解释语文的两大问题，应该说是一个正确的选择。

叶圣陶在1950年更改课程名称时说，口头为语，书面为文，称为"语文"，语也在里头，文也在里头。在争论"语文"是什么这一问题时，绝大多数解释者都用了拆解法。从哲学的角度看，直接并列的命名方式和拆解的解释方式都违背了认识论原理。学科名称不同于专名，它是通名，通名表达概念，概念是对一类事物的统一的认识，不可以像机器那样组合、拆解。"合"是一种认识活动，这种认识活动的结果就是把握到语和文的概念。这种认识过程需要对语和文进行分析：它们有哪些差异性？它们的内在的同一意义是什么？思维要扬弃语和文的差异性，以内在的同一意义为内容建立概念，这个概念内在地把语和文统一起来，内在意义的“合”才是真正的“合”。直接把语和文并列为“语文”，没有扬弃语和文的差异性，更没有把握到语和文的同一性，直接并列的“语文”，只是外表形式的“合”，是假合。

对于概念的解释，不能停留在语言学的表层，用机械拆分的方法来解释概念的意义。概念是对一类事物的同一意义的认识，它是整体，理解概念的方法是整体把握。在讨论“语文”的性质时，不少研究者常常撇开对象，抽象地讨论，在“语文”之外寻找“语文”的性质，把个人的观念强行贴在“语文”上面，这种认识方式也是虚妄的。“实体与偶性的关系”原理认为，实体是主体，是属性的根据，属性依赖于实体而存在，不论物体处于何种状态，性质都绝对不能与物体分离。“语文”课程标准认为语文是工具性与人文性的统一，但是，现实存在中哪一种事物只有两种特性呢？水这种简单的事物，就具有无色、无味、透明等特点。在生命世界里，每一种事物都是有机的统一体，而不是两种性质的机械拼凑。在更高的层次上，精神世界中的“语文”更不会只有两种性质。解释“语文”的人们，不对命名方式和解释方式进行审查，找到正确的思想工具来认识“语文”，而是不断地提出新的解释，提出新的名称，众多解释和名称纷然杂陈，结果，“语文”成了跨世纪的斯芬克斯之谜！

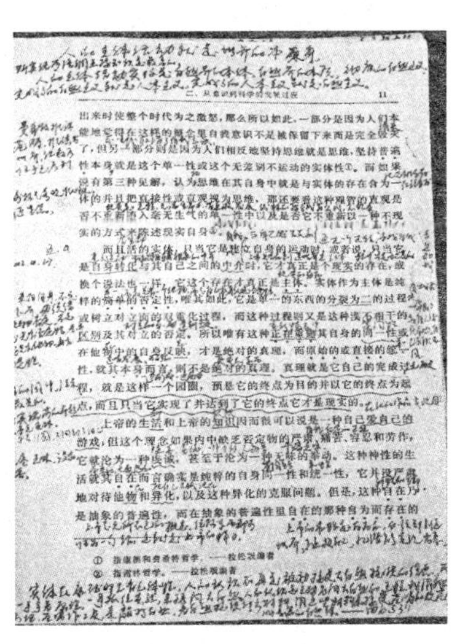
二、从意识到科学的发展过程　11

出来时使整个时代为之激怒，那么所以如此，一部分是因为人们本能地觉得在这样的概念里自我意识不是被保留下来而是完全毁灭了，但另一部分则是因为人们相反地坚持思维就是思维，坚持普遍性本身就是这个单一性或这个无差别不运动的实体性①。而如果说有第三种见解，认为思维在其自身中就是与实体的存在合为一体的并且把直接性或直观视为思维，那还要看这种理智的直观是否不重新堕入毫无生气的单一性中以及是否它不重新以一种不现实的方式来陈述现实自身②。

而且活的实体，只当它是建立自身的运动时，或者说，只当它是自身转化与其自己之间的中介时，它才真正是个现实的存在，或换个说法也一样，它这个存在才真正是主体。实体作为主体是纯粹的简单的否定性，唯其如此，它是单一的东西的分裂为二的过程或树立对立面的双重化过程，而这种过程则又是这种漠不相干的区别及其对立的否定。所以唯有这种正在重建其自身的同一性或在他物中的自身反映，才是绝对的真理，而原始的或直接的统一性，就其本身而言，则不是绝对的真理。真理就是它自己的完成过程，就是这样一个圆圈，预悬它的终点为目的并以它的终点为起点，而且只当它实现了并达到了它的终点它才是现实的。

上帝的生活和上帝的知识因而很可以说是一种自己爱自己的游戏；但这个理念如果内中缺乏否定物的严肃、痛苦、容忍和劳作，它就沦为一种虔诚，甚至于沦为一种无味的举动。这种神性的生活就其自在而言确实是纯粹的自身同一性和统一性，它并没严肃地对待他物和异化，以及这种异化的克服问题。但是，这种自在乃是抽象的普遍性，而在抽象的普遍性里自在的那种自为而存在的

① 指谢林和费希特哲学。——拉松版编者
② 指谢林哲学。——拉松版编者

图二　我的黑格尔阅读笔记

运用黑格尔的哲学思想研究“语文”课程中的问题，既便于理解黑格尔的思想，又加深了我对“语文”课程的认识。

三、系我一生心

长期阅读黑格尔，一边读，一边用他的思想思考问题，并把思考记录下来，这种阅读方式对我的思维产生了很大的影响。在探讨学科问题时，我抓住客观问题，通过分析概念，进行逻辑推理，让自己的观点建立在逻辑上，所写文字有比较浓的理性色彩。在《"语文味"理论符合学术规范吗?》一文中，我从学科对象、学术概念、理论论证等三个方面引用专门理论，对"语文味"理论进行分析，推导出结论。科学研究的对象是实体性的，"味"是实体的特性，只是实体的一个侧面，"语文味"理论把"味"当作研究对象，丢弃了科学研究的基石。学术概念是理性认识的结果，要使其形成理论，则需要进行系统的研究和实践的检验，而"语文味"是一个突发奇想的标签，距离理论还相当遥远。理论论证是一个逻辑推理的过程，概念之间具有严密的逻辑关系，而"语文味"理论选择好听的词语堆放到自己的箩筐里，那些词语之间缺乏必要的逻辑联系，号称理论却缺乏理论的生命。因此说，"语文味"理论是用非科学的方法来研究学科，是科学研究中的伪科学。我用理性分析的方法争论问题，紧扣概念，通过分析、推理来反驳对方的观点，就不会将争论焦点转移到对方身上，不会对人进行评判，避免了表达的情绪化。

思维方法的转变影响了我与同行的交流。我在接触黑格尔之前，多用表象思维，偏爱经验；是黑格尔指引我不能囿于经验，应常常思考经验、现象所包含的普遍思想。因为经验是它所包含的思想造就的，思想不同，课型也不同，我们更应该学习的是造就经验的思想。有同行认为，思想是玄虚的，不接地气，因而反对我的分析、论证。我引用黑格尔的观点，有人就说黑格尔之后还有很多哲学家呢！有的人索性完全否定黑格尔，尽管他坦言自己没有读过黑格尔。有网友希望我建一个 QQ 群，共读《小逻辑》，结果是，入群的网友多，坚持读下去的少之又少。作为一名中学教师，结缘黑格尔，我有时感到深深的孤独！

然而，我不孤独！坚持读黑格尔，坚持用哲学来思考“语文”的问题，我得到了两位先生的鼓励、支持。浙江师范大学的王尚文教授，他希望我学习哲学，以提升思想的高度。我的每篇文章都浸透了王先生的心血，他逐字逐句地帮我修改，一篇文章往往修改多遍，然后才投给杂志社。有时，晚上十点多了，他还给我打电话，提出修改意见。我总是感觉到，王先生用慈爱的、殷切的目光看着我，叫我不敢懈怠。上海外国语大学的王建华教授是我的校长，他教我学术研究的基本方法，充分肯定我的研究成果。有人说我的研究对教学没有价值，王校长却说我的研究是更高层次的研究，价值很大。如果没有两位王先生的扶持、点化，在阅读黑格尔、思考“语文”的道路上，我应该早已止住了脚步。

我不会辜负两位先生的嘱咐和期待，将在生命的后半段坚持研究“语文”，继续一边读一边写，向着黑格尔——向着“语文”的真理——阔步走去。

（邓维策　浙江省台州市外国语学校　语文教师　教龄 36 年）

7. 弗赖登塔尔伴我行

2012年初，我加入了上海市浦东教育发展研究院王丽琴老师发起的杜威共读小组。非师范、理科出身的我，近距离感受到了文科高手们的风采，学习到了文科阅读、研讨的方式，读写相伴，很快在阅读中与大家形成了学习共同体。在先后精读了《民主主义与教育》、《我们怎样思维》之后，我的困惑依然在于：抽象本是初中以上数学的基本特征，那么在初中数学的教学中如何落实“做中学”呢？这种“做”是否会冲淡“抽象数学”的味道？我深深感觉到：除了要有上位的教育哲学，更要将其与数学的学科特征、思维特征真正地结合起来。

一、阅读的转向：从杜威到弗赖登塔尔

2014年我选了国际上极负盛名的荷兰数学家和数学教育家弗赖登塔尔的作品《作为教育任务的数学》、《数学教育再探——在中国的讲学》作为新的阅读

内容。

图一　弗赖登塔尔:《作为教育任务的数学》

弗赖登塔尔在《作为教育任务的数学》的序中提到直觉主义创始人布劳威尔。网络搜索得知,原来弗赖登塔尔曾师从数学家布劳威尔。布劳威尔把数学看作是心智的自由创造,由此可知弗赖登塔尔“再创造”的数学学习观之根源。

我边读边对比弗赖登塔尔与杜威观点之异同,虽然弗赖登塔尔在书中曾轻描淡写地提到不赞同杜威,但经我细致比对发现,二者在教学过程中有很多共通之处。

由表1可知,弗赖登塔尔的“再创造”的数学学习观几乎是杜威“做中学”的数学解释。比如对于数学的“抽象”的特征,弗赖登塔尔的解释是:数学学习不是学习前人抽象出的固定的数学知识,而要经历“抽象化”的过程。这个“抽象化”的过程就是杜威“做中学”中“做”的过程,即从情境中抽象出数学问题(即杜威之“明确问题”),通过归纳、演绎推理、结构化、再抽象等数学方法进行数学问题的解决(含杜威“提出假设——推断假设——在行动中检验”的过程)。二者都重视反思的重要性,甚至都对“反思”归纳出四个要点,其中共同的是问题现实化、连续性、与他人的互动性等。

表1　杜威与弗赖登塔尔教学观之比较

关键词	杜威	弗赖登塔尔
核心教学观	做中学	再创造(数学化)
活动性	反对以知识为中心的教材和由这种教材所组成的学科课程,提出课程的中心应是各种形式的活动作业。	反对教现成的数学, 赞同在活动中学习数学。

续 表

关键词	杜威	弗赖登塔尔
教学环节	创设情境→明确问题→提出假设→推断假设→在行动中检验	情境问题→横向数学化(建模)→纵向数学化(数学问题的解决)
关于反思	① 源于情境中的困惑和疑问; ② 对象是事物之间的实在关系; ③ 反复,严肃,持续不断; ④ 学习共同体是反思的基础。	① 反思才能使现实世界数学化; ② 反思是数学思维活动的核心和动力; ③ 没有反思,学生的理解水平不可能从一个水平升华到更高的水平; ④ 交流是反思的前提。

二、个人的阅读:从问题链到系列专题

最初我并不了解新数运动的背景,对《作为教育任务的数学》的理解很大程度上停留在一知半解中。后来由皮亚杰牵出新数运动,网络搜索其背景知识后再读附录部分,全面了解了弗赖登塔尔对皮亚杰的批判细节。这时再重读《作为教育任务的数学》,就可以读出贯穿全书的对皮亚杰认知心理学以及那些将皮亚杰奉为权威的人们的批判。一个在潮流中能够敏锐地察觉到方向错误的专家是值得我们敬仰的,也让我更明确这次阅读的意义:我们的时代也正处于教学改革时期,我们有必要弄清楚曾经的那些数学教改都做了什么,有哪些是失败的,其中有哪些经验教训值得我们借鉴。

弗赖登塔尔的书难以读通的原因在于:我的数学史功底不足,对作者所处的时代背景也不了解。读懂它的方法就是刨根究底:从每一个不懂的词、不懂的问题入手深究下去。比如读《作为教育任务的数学》第一章时,我梳理出一百多个问

题。对这些问题，我边读边查百度，解决了不少。同时，我还在“中国知网”上查阅相关文章，购买或借阅了不同版本的关于中外数学史的著作，进行比对研究。这些问题不只是指向数学创造者是在怎样的背景下有了这些创造，更多的是分析其在历史长河中的价值及对后世的影响。

有些结论让我非常震撼，如弗赖登塔尔对欧几里得《几何原本》的评述，既肯定它是伟大的作品，又指出这种辉煌同时也意味着两千多年来数学发展的窒息。《几何原本》之伟大是我们数学人所熟知的：它开启了几何的公理化模式，以最简洁的几条公理加上严谨的推理，得到一个完整的体系。可是它为什么会使数学发展窒息呢？我顺着从《作为教育任务的数学》第一章的只言片语中获得的信息追寻下去，然后惊讶地发现“无限小”、“映射”、“几何代数化”这些现代数学思想的萌芽事实上在欧几里得之前就已出现，但被欧几里得舍弃了。而欧氏几何两千多年的权威地位又使得新的领域不能被认同，非欧几何的曲折经历便是一例。

我想，人总有局限，将这种窒息归罪于欧几里得显然是不公平的，是后人将其置于一个至高无上、不可违背的权威地位才窒息了数学的发展。数学史的意义不只是放大成果，更让我们认识到那些曲折迂回的经历。我们在欢迎创世著作的同时，还要以清醒的理智避免让它成为一种迷信，阻断我们继续前行的路。我对数学史的研读也是如此，弗赖登塔尔的书碰巧提供了我研究的问题链，而我并不迷信弗赖登塔尔。我会参考阅读其他数学史作品，读皮亚杰，也读克莱因、罗素、怀特海、波利亚，还读张奠宙、章建跃、郑毓信，反复求证，以形成自己“再创造”的数学理解。

我将阅读所得写成了一篇篇专题短文，由教研员黄家礼老师发在微信公众号“初中数学教育”上。发过三五篇之后我回看一下，发现之前很多结论下得太过匆忙，于是改写后请黄老师重发。如此几番，便不再贸然行事，写好后自己先存着，等到假期再改写，至今已陆续存了好几万字。

三、专家引领课题：从阅读走向实践

正如弗赖登塔尔极力将人们从对皮亚杰的权威崇拜中拉出来一样，我们教给学生的数学也不应该是完全沿袭、照本宣读的，而是需要站在一个历史制高点来审视。这也正是“再创造”之“再”的意义：对学习者是创造，但对数学而言可能是已知事实。同时这种创造应该是在教师的指导下进行的，只有在教师的指导下才能看清这种创造之局限。

在阅读的过程中，我发现弗赖登塔尔“再创造”的数学学习观及其关于“数学思维”的论述，正契合于我希望找到的那种上位的学科教学理念，它能够统领我以往课堂教学中的一些改进和尝试，并且和我之前阅读的杜威是相通的。于是，我在自己的课题研究中将“再创造”的数学学习观定位为核心理念，希望可以在阅读与实践中继承前人的经验与思考。此课题于2014年9月被立项为上海市级课题。课题开题时，上海市教科院的杨玉东老师对“数学化”一词的专业解读，将我的阅读从《作为教育任务的数学》引向《数学教育再探》，让我清晰地认识了“再创造”与“数学化”两个关键词之间的关系，也学会了从“横向数学化”和“纵向数学化”的视角去解释“再创造”的过程。

图二　弗赖登塔尔：《数学教育再探》

在课题实践中，我参加了王洁老师的课例研究工坊活动，负责课堂实践组。在阐述我们的研究主题和教学设计时，王洁老师持续的追问也促使我反复思考。原来数学的再创造可以有多种不同的形式：我所熟悉的章建跃博士立足数学结构的再创造模式是侧重于纵向数学化的模式；而国外一般更重视的是由情景引入数学问题的开放式问题解决模式，更侧重于横向数学化（数学建模）。我在实践中发现，两种数学化的教学模式都对数学教师的学科素养提出了更高要求：立足数学结构，要求教师对数学有更整体的把握，能对教材建立前后更广泛的联系，而课堂上的生成基本上还是控制在结构之内；开放式问题解决要求更高，教师需要具有更开放的数学思维才能应对课堂的各种生成，也需要留给学生更多的探索时间。总之，进一步提升学科素养，才有希望更好地驾驭再创造的课堂。

四、共读的对立观点：在争论中深入

在潘清首先建起的第一个弗赖登塔尔共读群中，文科博士王丽琴老师总是以"后进生"的名义提问，常常能带动最深刻的讨论。如"比萨斜塔实验"引起的争论：

王：弗赖登塔尔说"这一结论并不是通过观察得出，而是建立在卓越而惊人的分析之上的"，那么我们小时候学过的课文中关于比萨斜塔的故事是真实的吗？

徐：我查阅了资料（给出网址），在考虑空气阻力的情况下，是否同时落地肉眼很难判断，伽利略是通过分析，忽略空气阻力而推出这个结论的。但据考证，伽利略是一个非常严谨、理性的人，不可能做这种实验。

王：小学语文课学到这篇课文，教师带孩子上学校最高的楼上去做这个实验。到底，这种实验能成立吗？

张：虽然实验可能是失败的，可是我觉得这个实验是有意义的，至少质疑了这篇课文内容的真实性，也唤醒了孩子的理性思考。

王：既然这是一种思想实验，那我觉得老师带孩子重做这个实验的行为值得商榷。

由小学语文老师带学生做“比萨斜塔实验”而引发争论：一个并不严谨的实验得出未必正确的实验结论，小学生到底该不该做这个实验？在共读杜威时这个争论曾经持续了整整一个周末。当时争论的是“对”与“错”，一位物理专业出身的数学老师认为，“老师教给孩子错误的知识”，这在评课时绝对是一票否决的；而我认为，既然上的是小学语文课而不是初中物理课，让孩子们学会质疑课本、学会带着问题进行实验与观察，这种过程是值得肯定的。这次共读弗赖登塔尔时又遇新证据，再引新争论，在“动手”还是“动脑”的问题上，大家依然各不相让，没有结果。但这种争论能让人保持更持久的深入思考，这就是团队共读的价值。因此，我以为，没有冲突的共读是假的共读，如同没有质疑的课堂。

在此过程中，小徐这位 80 后的教育硕士向我展现了他强大的信息检索能力，而作为信息时代的“移民”，我们也需要及时赶上。事实上，共读的价值还在于：一方面可以从他人那里获得未曾关注到的信息；另一方面，虽然辩论中我并不认同对方的观点，但知道对立观点的存在，可以让我们彼此从更多视角思考问题，而不会轻率下结论。

后来我们又经历了三次共读，每次都是作品重构、完善的过程，成果也开始突破十万字。

五、数学的非孤立性：从数学走向数学文化

回溯古希腊数学史，我发现数学在历史上并不是一门孤立的学科。泰勒斯从具体的等腰三角形中抽象出概念，继而推理得出这类图形共性的过程，让我们体会到了“数学化”的过程；他以同样执着的观察与思考抽象出“水本原论”的哲学观；他还改进了星图导航法并预言了日食的发生，使希腊人逐渐从原始迷信走向

天文学。数学、哲学与天文学在这里实现了完美统一。同样让人震撼的是古希腊还有毕达哥拉斯等一大批集数学家、哲学家和科学家等多种身份于一身的人。

我先后参与了弗赖登塔尔三个群的共读活动，这成为我不断梳理自己的阅读、实现突破提升的动力和契机。与我同时关注到数学史与哲学史关系的还有潘清和张青云，两位都曾经是杜威《我们怎样思维》共读小分队的成员，潘清长于佛学与心理学，而青云此前参加了怀特海的共读。虽然我们视野不同，但都共同关注同一话题。我们一同探讨那些古往今来的数学家兼哲学家们，这种反复的对话常可催生智慧。

为了更全面地了解这些古希腊的牛人们，我也会在网上听一些哲学课程，比如武汉大学赵林老师讲的古希腊哲学、华中科技大学邓晓芒老师讲的西方哲学、中国人民大学张志伟老师讲的西方智慧、北京师范大学江怡老师讲的维特根斯坦等。也读《量子力学史话》等科普作品，并从中发现：数学、物理、天文与哲学并未因学科划分而截然分开，从笛卡尔到胡塞尔、怀特海、弗雷格、罗素、维特根斯坦，一大批数学家直接引领了哲学的革命。日心说、相对论、量子力学等重要物理发现无不以数学发展为基础并直接颠覆了之前的哲学。科技、数学、哲学如此裹挟着前进！

这让我看到数学在其他学科中顽强的生命力，而这恰是弗赖登塔尔的主张：数学需要从更广阔的背景中获得生命力，数学教学也应该立足于一个更广阔的背景，从生活、从各个学科中促进学生数学能力的发展。然而遗憾的是，作为教师，我们缺少这样的功底，那么该如何引领孩子的成长？唯有更广泛的阅读与涉猎。

2016 年 10 月起，我应邀在“大地良师”微信平台为老师们讲述自编课程“中西文化差异溯源——从数学史说起”，课程推进的过程也是自我认识不断更新的过程，在此过程中我又对比研究了《道德经》、《论语》、《易经》等中国古代哲学著作。另外，我也为我的初中学生们精心准备了一份数学史阅读材料，欲引领孩子们走向更宽广的世界。

六、写作的打磨：千锤百炼出成果

2017 年元月，王丽琴老师的工坊发起读书征文活动。这次征文倾向于团队成果，我担任团队领队。然而我的一篇关于弗赖登塔尔的三万七千字的读书报告已经在去年获得过征文一等奖，难道做一个空手的领队吗？这时《中学数学教学参考》"读书专栏"希望我们能按章节梳理一份共读的稿件，我就顺势整理了十三位共读伙伴的十余万字成果，从中理出包含五大主题的两万字左右的共读报告。2 月，我在"大地良师"微信平台的"中西文化差异溯源——从数学史说起"第三讲开始。3 月，"黄浦杯"长三角城市群"读书与成长"征文通知发布，我思考如何投稿；《学习报·教师专业发展》的约稿《初中生数学再创造之数学史启蒙》起笔。4 月底，《教师月刊》的约稿《在数学史的密林里穿行》交初稿……一系列的梳理，不同视角的写作切入，反复的打磨，促使我从不同方向进行思考。

单说这篇参加 2017 年"黄浦杯"长三角城市群教育科研征文评选活动的文章，三年半的阅读、十余万字的成果，聚焦太难。最初想突出的是团队共读，后来发现共读过程还缺少科学性的指导，缺少实践的支撑，文章也难出亮色。于是再次回归我的阅读，王丽琴等三位博士的助力，数学兼职教研员沈老师的校稿，促使我一次次深入反思自己的弗赖登塔尔阅读之路。正如张肇丰老师《从实践到文本：中小学教师科研写作方法导论》一书所倡导的，"写作是反思的重要载体"，我在阅读中成长，更在对文章的反复打磨中认识了自我成长的道路。

（张丽芝　上海市南汇第二中学　数学教师　教龄 23 年）

8. 一本《三国演义》的化学反应

马儿会为它的主人奔命，诗人会为他的恋人写诗，而我愿意拿起笔写写我和我的朋友的故事。我的这个朋友有点特别，它是一本书，叫《三国演义》。

第一回　一本书，一个人，“读”在其中

2001 年 1 月 23 日，那时我还是台州市路桥小学的一名学生，无意间在班级图书架上发现了梦寐以求的名著《三国演义》——我从小就喜欢看《三国演义》电视剧，小时候一到晚上就坐在外公腿上看着电视，听外公给我讲解三国故事，多么美好啊！等我上了小学，一直很想买《三国演义》的原著。可能是在路桥想买到原著实属不易，也可能是父母觉得这本书是闲书对学习帮助不大，我一直想买却没买到。

我当即打开《三国演义》翻阅起来，整整一个学期，这本书被我从头到尾看了

七遍，以至于在我小小的脑海里，天下分分合合，三国归晋就归了七次。那时毕竟年少气盛，我最感兴趣的是书里对武将和武将单打独斗的描写。课余我还经常和几个同学讨论书中武将的武艺排行。吕布是大家公认的武艺天下第一，可这第二呢？

“当然是赵云了，他可是在长坂坡杀得曹军屁滚尿流的真英雄。”有同学脱口而出。

一旁的我摇着头说：“不，不。赵云连文丑都只能打平手，怎么能算第二？我觉得应该是张飞，你们看书中的第十六回，张飞能和吕布单打独斗，打了一百回合还不分胜负。全书只此一人能与吕布一决高下，张飞才是第二！”

我不光嘴上说，还打开原著，找到书中原句，周围同学当即哑口无言。每每回忆到此处，我不禁为儿时的书呆子气感到好笑。不过，便是现在的我也会为张飞在全书中的地位正名，大概是因为书中张飞的那份豪气、正气感染了我吧。

在高中的某一天，我看了蒋昕捷的高考满分作文《赤兔之死》，当时年少气盛的我竟然产生了这种想法：你能在高考里将《三国演义》中的桥段化为神奇，我就不能吗？义绝、奸绝、智绝，对了，我可以写智绝诸葛亮啊。于是乎，我高中三年就专注于《三国演义》中诸葛亮的桥段，诸葛亮草堂春睡指点江山的那份潇洒，六出祁山复兴汉室的那份坚毅，秋风萧瑟五丈原的那份悲怆都尽入我笔下。就这样，我一学期写了8次诸葛亮……当然这种功利性的写作，虽然偶尔会博众一笑，但终究不能扬名立万。

我也意识到该拓宽自己的眼界了，不能仅仅从自己的角度看一本书。这就像井底之蛙，看到的天只有一个圈，只有跳出来才能看到外面的世界。大学那会儿，刚刚刮过“易中天品三国”热潮，可“三国”余热不断，各路文豪品三国的书籍纷至沓来，我或多或少都会看看。其中我最喜欢读柏杨老先生的作品，他不光文笔幽默风趣，而且看书品人物的见解非常独到，有时甚至会提出一些颠覆性的看法。

在他眼里，魏延就是韩信，兵出子午谷的计划可为一时英雄；而马谡则是年轻的将才，只是因为缺乏实战经验而战败，诸葛亮大可把他留下好好培养，说不定日后能帮助姜维北伐中原……这些想法都是我之前读《三国演义》时想说而说不出来的。

那时，一切关于三国的文化，我都喜欢，都会去追求。在大学晨读时，我喜欢吟诵曹操和曹植的诗篇；趁着寒暑假，无锡的三国城、成都的武侯祠都留下了我的足迹。我正从一本《三国演义》走进三国文化，走进我们伟大祖国曾经英雄辈出的时代。有人会说《三国演义》和三国这段历史根本就是两回事，我觉得不然。《三国演义》当中收录了多少经典的三国故事，故事里又汇集了多少我们先贤的智慧，当中还渗透着多少我们中华民族引以为傲的品质，数也数不清啊！试问单单一本晋初的《三国志》会有多少人看？可以说是罗贯中先生的《三国演义》，把我们的三国文化还有三国历史推向了全世界。

第二回　一本书，一个班，思维的碰撞

当我再次轻抚《三国演义》书皮时，我已经是一名小学教师。《三国演义》带给我的那些可爱的回忆，我也想带给学生们，班上的男孩子应该会喜欢看群雄逐鹿的故事。当然我也有担心的地方，毕竟《三国演义》用的是古白话文，和我们现代语言还是大不相同的，我怕学生们读不懂。但凡事都有第一次嘛，先试试看吧。

2016年9月15日

前几天阅读课上，有不少同学就拿出了《三国演义》这本书来看。当然，我也带了《三国演义》陪大家看。看了几分钟，底下就有人抓耳挠腮了，我就随便问了几个同学，果然是因为书中生僻的用词难倒他们了。索性，我让带书来看的同学坐成一圈，有问题挨个问。“什么是‘吾’？”“‘颇’是什么意思？”“‘安在’是什么意思？”我一一解答。渐渐地，问题越来越少，大家都开始安静地看书了……

在这之后，他们看另一本名著《水浒传》时就没多大障碍了。语言文字在学生们的心中沉淀，使班级里日常的交流也产生着微妙的变化。以前，我在班级里说“某某同学，安在”时，同学们一个个面面相觑，不知所谓；现在，我时不时说几句“吾终于写完了”、“悠悠苍天，曷此其极”之类的话，旁边的同学都掩嘴窃笑，我想他们也都能感受到古白话文的简洁、有趣、优美了吧！

这应该就是古人所说的“奇文共欣赏，疑义相与析”吧。想要走进一本书就要先读懂作者的文字，很多时候我们会因为看不懂书里的文字而直接把书弃之不顾。其实你多读几遍，说不定就会喜欢上作者的文字笔法，就像爱看黄易小说的书迷就特别喜欢“虎躯一震”这个词，而爱看金庸小说的书迷提到“心中一荡”这个词就特别带感。因为每本书都有每本书的时代特色，每本书都留下了作者的语言烙印，所以我们要用心去体会每本书独特的“美感”。

2016年10月6日

几天前，有个同学突然跑上来和我说：“孙策竟然会被于吉死后的冤魂害死，看来古代的作家也都迷信鬼神啊，太假了。”我当时也不知道怎么回答这个同学。

回到家，我再翻看了几遍《三国演义》，发现书里类似这种牛鬼蛇神的情节有很多，以前没有注意，当下却被我放大了。如曹操死前，就梦到很多之前所杀的人化作冤魂来找他。我想作者之所以这样安排，并非是为了宣传迷信，而是在警戒后人滥杀无辜是没有好下场的，即便是贵为君王也应该尊重人权。但在封建时代，作者的视野难免有些局限，毕竟那时候君权神授，没人能凌驾于那些君王之上。而要惩罚这些暴君，那也只有靠老天了。简而言之，“多行不义必自毙”。我把这些和那个同学讲了，那个同学有些似懂非懂，但我想随着他阅历的增长，他会懂的。就像我现在一样，重新去看那些我并未注意到的细节，确确实实会有新的发现、新的体会。

《三国演义》这本名著能够传承千百年，是作者的思想赋予了它鲜活的生命，超脱了生老病死的范畴，让我们这些后人能够直面千百年前作者思想的点点滴滴。看来读一本书，站在自我的角度去读是远远不够的，真正想要读懂一本书的思想，就要站在作者的角度来解读他为什么这么写。

2017 年 5 月 10 日

上完《草船借箭》后的阅读课上，班里开了一次座谈会，大家把读完《三国演义》后想问的问题、想说的话全都抛了出来。

其中陶俊宇同学提的问题最棘手，他问道："《草船借箭》里曹操为什么不用火箭，如果用火箭射击，诸葛亮的草船一定有来无回，这是作者的败笔啊！"这个问题厉害了，可惜偏偏遇到我这个三国爱好者，虽然心中有了答案，但我还是喜欢听听同学们不同的看法。有的说："那时候火箭还没有发明呢！"有的说："曹操太骄傲了，自以为看穿了埋伏计，因小失大。"也有的说："曹操忙中出错，错失良机。"大家各抒己见，众说纷纭，到了最后还是希望听听我的看法。我拿出书对着大家说："《三国演义》这本书，有很多战役用到了火攻，其中最著名的就是'赤壁之战'和'夷陵之战'。作者在写这两场战役时，叙述了周瑜和陆逊在火攻前都做了同样一件事，你们发现了吗？"很多同学便拿起书开始翻看，有同学就发现了周瑜派韩当试探曹操的连环船，陆逊派了淳于丹试探刘备的连营，马上意识到："火攻是需要充足的准备才能实施的，诸葛亮突然来攻，曹操是来不及准备火箭的。"我肯定了这位同学的回答："是啊，古代行军打仗的时候，像硫磺、硝石这样的火药是要严格管理的，不可能随便拿出来使用，否则容易烧到自己。"……

下课铃声响了，大家意犹未尽，觉得时间过得太快，我觉得这个座谈会要是接着开下去，非开个三天三夜不可！这就是读书的另一种乐趣，把自己的读书体会和别人交流畅谈，把别人的真知灼见吸纳过来。这就像很多人品评电视剧中的是是非非一样，只不过看书时要用心去体会，这个过程可以说是一次思维的磨砺。

这一次与学生一起品读《三国演义》，我收获颇多。毕淑敏女士曾经说过一样的故事，不同的年龄段，读出了不同的意味，阅读贵在“常读常新”。10 岁读《三国演义》，我读的是锣鼓震天的喊杀声；16 岁读《三国演义》，我读的是对诸葛亮的崇拜；20 岁读《三国演义》，我读的是民族文化的启迪。这都是我站在学生角度读出来的味道。而今再读《三国演义》，我则是站在一个教育者的角度，读到的是罗贯中的语言文字之美，读到的是罗贯中的内心思想。其中还包含了我和学生一起读到、交流到的内容，而这才是最珍贵的。

第三回　一本书，一个学校，“‘读’乐乐，众亦乐乐”

2016 年下半年，不仅仅我任教的班级在读《三国演义》，其他班级也不约而同地在读这本名著。品书籍、看电视剧、写三国观后感、画三国插画成了学生们课余时间最喜爱的活动。鉴于学生们热情高涨，学校南山书社的戴茜蓓老师找到了我，想和我一起组织一次“《三国演义》知识竞赛”，一展学生的读书风采。我当即同意了。经过商量，我们决定以班级为单位进行比赛，将笔试作为预选赛，主舞台答题作为最后的决赛，由我负责出题。

怎样才能把《三国演义》这部名著与知识竞赛结合起来呢？出题难了怕学生不会，简单了又没挑战性。我想还是应该从学生的兴趣入手，如果要通过这次知识竞赛激发更多同学阅读名著的兴趣，那么竞赛的趣味性就很重要了。

刚开始的几天，我先收看了国内几个收视率比较高的益智类综艺节目，然后把《三国演义》中的典故名篇编制成题目，再将题目进行分类。如必答题以国家为类别分为魏蜀吴三类；抢答题按照《三国演义》中的时间顺序进行编排；猜词环节又把词库分为“天时”、“地利”、“人和”……这样，益智类游戏和三国文化就有机地融合在一起了。

决赛那天，有这么几个孩子让我眼前一亮——

“小书迷”陈俊丞在比赛中的表现可以说是“一鸣惊人”。在抢答题环节，屏幕上出现了“兜鍪”这个词汇。题目提示这是《三国演义》中太史慈和孙策单挑时抢夺的一件物品，要判断出这个物品对于一个小学六年级的学生而言是有难度的。可他竟然第一个按下了抢答器，应声道：“这是头盔。”我有点惊讶，不光是因为他连续第三次抢答成功，还因为他对这道题的那份自信，心里猜测他可能观看过《三国演义》电视剧中太史慈夺下孙策头盔的画面。赛后我才知道他可是个“钻书虫”，读书当中遇到不明白的词汇，都会查阅资料弄明白。之前他读原著时就特别认真，读到“兜鍪”这个词还特别上网查询了。比赛过后的一段时间，他还经常和我探讨那天比赛的题目，对于之前没碰到的题目，他都会通过重新翻书、查资料一探究竟，他这样读书还真是自得其乐啊！

一直以来我觉得女孩一般不爱看《三国演义》，爱看《三国演义》的准是女汉子。这个想法却被一个女孩改变了，她叫谭靓。主持人发问：“是谁杀了张飞，叛逃到东吴？”六(3)班的几个同学正在讨论：“应该是潘璋和马忠吧。”谭靓一听，坐不住了，她摇头道：“不对，这一段我看过，请相信我，让我来回答。”她拿起话筒就回答道：“是张达和范疆。”“回答正确。”在这之后，谭靓的表现也异常出色，她乐意展现自己读书中的收获。当她收获奖品的那一刻，我分明看到她眼角流出了幸福的泪水。谁说女子不如男，谁说女子只以矜持为美；饱读名著，展现自我的阳光之美更为炫丽。

如果说谭靓是愿意一展才华的才女，那么六(7)班的刘海霞就是“不求甚解，独观大略”的巧匠。在猜词环节中，她可吓到我了。她一上来就说：“苦的反义词是什么？苦尽什么来？”配合回答的同学想了一下，马上回答：“甘，甘宁”。

“孔明的弟弟。”

“诸葛均。”

“女的叫公主，男的叫什么？”

“王子。”

“衣什么？”

“王子服。”

……

看起来她可能对《三国演义》里面的有些人物并不熟悉，但她会活学活用。单单这一段3分钟时间的猜词，她就用了“声东击西”、“假道伐虢”、“顺水推舟”等计策。这些计谋在《三国演义》中是司空见惯的，能把书中的智慧运用到现实中，那可真是活学活用。

都说“一千个读者，就有一千个哈姆雷特”；读一本《三国演义》，我们的学生们自然也会产生千千万万的想法，陈俊丞、谭靓、刘海霞三位同学就是我们螺洋街道中心小学学生读书的缩影。他们有的愿意读出深度，自得其乐；有的愿意展现自我的读书收获；有的则是活学活用，不拘泥于书本。“施之以乐趣，或读出深度，或展现收获，或活学活用。”这就是我们螺洋街道中心小学时下的读书风尚。

这一次学校南山书社开展的知识竞赛，不只是出题者和答题者的隔空对话，不只是学生和名著的思想交流，也是同学之间、班与班之间的阅读成果交流，还是底下的观众享受阅读乐趣的过程。我把我对三国的认知融入这次知识竞赛中，因此可以说，这是一次集体阅读，也是一次快乐的阅读交流会。

这一刻我明白了，读书的取向并不重要，重要的是我们读书时的兴趣、乐趣；我之所以能够反反复复地读《三国演义》，不就是因为我在读这本书的时候很快乐、很享受吗？感谢南山书社的戴老师，是她给了我这个机会，让我把从《三国演义》阅读中收获到的点点滴滴融汇成知识竞赛的题目，呈现给全校师生。

比赛结束了，同学们有为之激奋的，有惋惜的，有欢呼的，有鼓掌的……更有很多同学来询问："老师，下次还有没有读《史记》的知识竞赛？""一定会有的。"我当即回答道，因为我觉得这样的读书活动真应该多多推广。激发孩子的阅读兴趣，从一本书到一本书，从一本书到多本书，从一种类型的书到更多不同类型的书，让他们在阅读中享受快乐……教师引领学生读书，不就是这样慢慢推进的吗？

（连　航　浙江省台州市路桥区螺洋街道中心小学　语文教师　教龄 2 年）

9. 重读历史，感受人物

语文学科的核心素养之一是审美鉴赏。那么，如何在古文学习中引导学生赏析历史人物？如何使学生自发地感怀、思考、表达？

教师通过阅读史传，为学生创设具体的历史情境，借鉴书中名人见解，用史传理论来组织教学，我觉得是一个不错的选择。让历史学家、思想家和文论家来替语文老师备课，岂非美事一桩？课堂的深度、境界因此而高出一筹，毕竟对经典文本的理解往往需要有与作者相近的经历、地位或心智。“他山之石，可以攻玉”，“君子生非异也，善假于物也”，善读书者善用书。用于实践、用于课堂、用于指导人生，想必这就是读书更大的意义。情境再现、评论借鉴和理论引领，可说是史传对语文教学的三重助力。

一、情境再现之《唐玄宗传》

2017 年 3 月底，我接到任务，去北京市清华大学附属中学开设人教版语文的公开课——上李商隐的《马嵬》诗。此诗典故密集，叙事跳跃，晦涩难懂，而且主旨是帝王的生命困境，离日常生活较远，高中生也不易理解。为帮助我备课，师长建议我阅读许道勋、赵克尧的《唐玄宗传》(人民出版社，2015)，书中将马嵬驿事变现场还原得栩栩如生。此处仅摘录重要的时间点和事件：

天宝十五载(756)6月上旬，潼关战败。

6月13日凌晨，玄宗离开长安，中午“至咸阳望贤宫……从官咸怨国忠”，当夜宿金城，“人相枕藉而寝，贵贱无以复辨”。

6月14日中午至马嵬驿，“将士饥疲，皆愤怒”。

6月14日午后，陈玄礼召集诸将：“今天子震荡，社稷不守，使生人肝脑涂地，岂非国忠所致！欲诛之以谢天下，云何？”

将士曰：“念之久矣，事行身死，固所愿。”于是“以枪揭其(杨国忠)首于驿门外”。

此时玄宗“杖屦出驿门，慰劳军士”。但“六军不散”，将士们曰“贼本尚在”。

陈玄礼曰：“国忠谋反，贵妃不宜供奉，愿陛下割恩正法。”

玄宗“入门，倚杖倾首而立”。

京兆司录韦谔曰：“今众怒难犯，安危在晷刻，愿陛下速决。”

玄宗：“贵妃常居深宫，安知国忠反谋？”

高力士：“贵妃诚无罪，然将士已杀国忠，而贵妃在陛下左右，岂敢自安！愿陛下审思之，将士安则陛下安矣。”

玄宗“乃命力士引贵妃于佛堂，缢杀之”。

课上，我用PPT展示了这些史料，学生立刻对“此日六军同驻马”有了生动的联想。六军逼迫，唐玄宗回避，陈玄礼和高力士再催促，最后唐玄宗无奈应允，其中具体的人物、对话、动作都栩栩如生，如在目前。学生们宛若置身于1 200多年前的马嵬驿现场，真切地感受到“空闻虎旅传宵柝，不复鸡人报晓筹”中“空闻”和

“不复”两词背后的仓惶、狼狈、无奈、沉痛。

在阅读《唐玄宗传》的过程中，更令人惊喜的是，我发现马嵬驿事变的六军统帅陈玄礼正是当年帮助玄宗诛灭韦后和太平公主的主力将帅，这两次政变保证了唐玄宗的顺利登基和政权稳定。可以说，陈玄礼和他的万骑是唐玄宗的老部下、亲兵，是玄宗最可靠、最安全、最放心的帅与卒。但“此日六军同驻马”，这就引出一个关键问题：“六军主帅陈玄礼是否领军叛变了？”

这个富有争议性的问题引发了同学们的热议：“像是。”“但又不完全是。”……

“如果不完全是，那么六军反叛的是怎样的玄宗？”

同学们豁然开朗：“六军反叛的是不励精图治、专宠杨贵妃十年的作为个人的李隆基，如果六军真的叛变，直接杀了唐玄宗就好了。”

“很好！所以唐玄宗能做自己吗？”

“不能。哦！难怪尾联说‘如何四纪为天子，不及卢家有莫愁’！唐玄宗天性浪漫感性，但作为帝王，他必须剥离个人感情，完全理性地维稳政权，运营国家，因此他命中注定无法做一个钟爱艺术、专注爱情的男人。天子看似呼风唤雨，却无法摆脱肩头沉重的政治责任，做真正的自己，这就是天子的残酷宿命。而在马嵬驿的玄宗是一个天子，不是个人，因此他只能亲手扼杀自己的爱情。他即使在位已经四十五年（四纪），也无法摆脱帝王的悲剧宿命。”

被带入历史情境的学生完全理解了全诗的主旨——帝王的生命困境。学生们深切地感受到唐玄宗虽身为皇帝，却在重重压力之下无比仓惶的悲剧命运。通过读史传，教师能从中发现历史事件背后的人事牵连、内心挣扎，从而引导学生感受历史人物的喜怒哀乐、悲欢离合，使他们产生悲悯的情怀并学会反思，实现语文课堂立德树人的学科目的。

阅读史传，使教师能带领学生穿越时空，进入特定的历史情境——时间，地点，天气，人物的神态、对话、动作——如拍摄电视剧般，布置好一切，只等着学生走入。当历史情境足够具体真实时，学生便会不自觉地走入文本，和彼时彼刻的人物同呼吸、共命运，进而兴发感怀，侃侃而谈。因此，教授《马克思墓前的讲话》，不妨阅读梅林的《马克思传》；教授《赤壁赋》、《水调歌头》，可以阅读林语堂的《苏东坡传》。优秀的史传史料翔实、细节生动、感情充沛，有助于教师将课文置于作者个人成长的纵贯线和时代风涛的起伏中，深刻地洞察课文背后的复杂、生动与真实，将经典作品力透纸背的部分充分彰显出来，使学生看到作品的深度与厚度。

二、评论借鉴之《苏轼评传》

通过读史传，教师不仅能在课上建构鲜活的历史情境，还能将书中伟人的论断、高见定为教学重点，以此展开教学设计。

学习《黄州快哉亭记》时，对于苏轼把亭子命名为“快哉亭”的行为，学生一般解读为其天性乐观、豁达积极；而对苏辙的解读——“使其中坦然，不以物伤性”，学生却不以为然：“苏东坡豁达嘛，我做不到，语文考试不及格，我肯定不开心的。”

如何将苏轼的“快哉”与学生的生命体验发生关联？遭遇政治迫害、境遇一落千丈的苏轼发出“快哉”的豪语，仅仅是因为天性乐观吗？

带着问题，我决定重读王水照、朱刚的《苏轼评传》（南京大学出版社，2004）。书中581页上朱熹的评论让我醍醐灌顶：“苏公此纸出于一时滑稽诙笑之余，初不经意，而其傲风霆、阅古今之气，犹足以想见其人也。”朱熹是理学家，严谨刻板，并不喜欢倜傥风流的苏轼，但天才能够理解天才，他洞察了苏东坡诙谐豁达背后的心灵力量——“傲风霆、阅古今之气”。

朱熹的见解深刻、确定、有力，我便以之为教学目标，围绕它设计了一系列有趣又有效的问题。

师：苏轼遭遇政治迫害、中年迁谪、境遇一落千丈，他说“快哉”，和我说“吹面不寒杨柳风,快哉”一样吗?

生:不一样。

师:为什么?

生:我们生活得轻松,没有遇到什么困境。而苏轼在遭遇了很多羞辱、冤屈的情况下还能不以物喜不以己悲,心态豁达,说“快哉”,所以不一样。

师:好!我们假设,各位同学们,你们就是乌台诗案中迫害苏轼的逼供者,你们希望苏轼在黄州的状态如何?

生1:苦不堪言,叫苦连天。

生2:颓废、沮丧。

师:在这样的情况下,苏轼说“快哉”!这个“快哉”体现了苏轼怎样的性格特点?

生3:不屈服,你要我郁闷,我就偏要乐观豁达,不让你们得逞。

生4:“快哉”中有傲岸、倔强,是面对人生巨大困境时顽强的精神品质。

师:很好!苏轼的“快哉”背后是傲岸、坚强、自信,是理性而充满力量的,连不喜欢苏轼的朱熹也说:“苏公此纸出于一时滑稽诙笑之余,初不经意,而其傲风霆、阅古今之气,犹足以想见其人也。”了解了“快哉”的深义,同学们无妨自省,在经历挫败和失落时,我们自己有没有魄力和勇气说“快哉”?!

读史传,深化了我自己对“快哉”的理解,还助我将课文和学生的成长对接起来,充分实现经典作品的德育功能和对生活的指导意义。这些非凡的收获皆因读史传而得。

让名人来替我们备课,岂非美事一桩?“吾尝终日而思矣,不如须臾之所学也。”借助名人的深刻见解,充分挖掘作品中承载的生命思考和人格精神,以此明确教学目标,设计教学环节,对接学生成长,发挥经典作品的真正价值。因而,讲解毛主席的《沁园春·长沙》,不妨阅读竹内实的《竹内实文集(第三卷):毛泽东的诗与人生》;教授海明威的《老人与海》,不妨阅读库尔特·辛格的《海明威传》。

三. 理论引领之《论"悲剧英雄"》

读史传,还能帮助语文老师理解一类人物,由点及面,了解其创作规律,触类旁通。

一次在郑州上公开课,我执教的是人教版语文教材中的《项羽之死》。文人对项羽的评价从来毁誉参半。杜牧说"包羞忍耻是男儿",毛主席说"不可沽名学霸王",都认为项羽自尊心强,不够切实。但李清照却赞美项羽"生当作人杰,死亦为鬼雄",豪气干云天!众说纷纭,我该何去何从?

此时,学长提醒我阅读台湾学者柯庆明的《境界的探求》(联经出版事业公司,1979),其中《论"悲剧英雄"》讨论的正是项羽。文中对于"悲剧"和"悲剧英雄"的分析使我明确了项羽这一类形象的鉴赏角度——悲壮感,并以悲剧英雄的特点来设计教学环节。

文章写道:

"悲剧人物的情性在本质上应介于(好人与恶人)中间者,其人并无特殊之德行与公正,惟不幸之降临于他却非由于罪恶与败坏,而是由于某种判断上之过失;且其人必须为享有名望与荣华者,从整体的遭遇而言,则应由幸福到不幸……"

据此,在介绍课文背景时,我特别强调了项羽的高贵出身、显赫战功和垓下被围的意外感。

项羽出身名门,祖父项燕是楚国名将,伯父项梁是集合诸侯的反秦名将。他26岁全歼王离军于巨鹿城下;27岁,秦亡,自封西楚霸王,号令天下。垓下之围时项羽31岁,"身七十余战,所当者破,所击者服,未尝败北"。

垓下之围前,刘、项"中分天下,割鸿沟而西者为汉,鸿沟而东者为楚",谁知刘邦单方面撕毁条约，带二十万大军追击楚军，并调集韩信、彭越、英布南北夹击，共六十万人。而楚军此时至多十万人。这是课文开头“兵少、食尽，围之数重”的背景。

文中说，悲剧英雄除了人生下滑、“判断失误”外，还有一些突出的品质：

“一、基本上他们都是“勇者”……无视事物之荣辱而独往直前的勇敢，这里所隐含的正是一种他们乃是自我之真正的立法者的独立精神。二、这些卓异的人除了心性坚强外，更有一种超越常人的精神能力。这种精神能力使他们在遭遇苦难之际，并不为苦难所击溃，反而能够“发愤”而对苦难有所“为作”。这里司马迁似乎意识到这一类特异的人物之所以特异，往往正在于他们具有一种承担苦难并且在苦难中提升知觉的能力……”

基于“立法者”、“勇敢”、“发愤”和“承担”，我设计了一系列问题：

“‘时不利兮骓不逝’，项羽意识到了自己的悲剧命运后，有没有言败？”（没有，他“直夜溃围南出”。）

“项羽被田父欺骗，陷入大泽，无处可逃后，他怎么说、怎么做的？”（以少对多，东城快战，挑战汉军。）

“在乌江渡口，项羽说愧对江东父老，这体现了他是一个怎样的人？”（有情义，有担当。）

“换作是刘邦，他会不会渡江？”（为逃难能抛家弃子的刘邦肯定会渡江。）

在回答了这一系列的提问后，同学们自然就领会了悲剧英雄的核心元素——“勇敢”、“发愤”和“承担”。于是最后的主问题水到渠成：“项羽的自刎为什么有强烈的悲壮感？”

“项羽是能感知到自身悲剧命运的、对生命的尊严相当珍视的、对家乡有歉意的、在命运绝境中不屈奋斗的人。他不是一个卑琐的生命。他在乌江死去，但他情感丰富、意志昂扬的英雄形象在乌江诞生。他的倒下是高贵雄狮的倒下，是英雄的倒下，但毕竟时不我与，所以他是悲剧英雄。”

这堂课应用并贯彻了文中“悲剧英雄”的文艺理论。通过文本分析和组织提问，学生很好地领会了“悲剧英雄”的核心元素，从而了解了悲剧英雄的创作规律，并能够精确、有层次地分析人物。

史传中的文艺理论血肉饱满，往往能更深刻地揭示文学规律，并辐射到更多作品，比如《余光中谈诗歌》中的诗歌分析对于教学《雪落在中国的土地上》、《再别康桥》都有非凡的启示意义。

他山之石，可以攻玉。

读史传，让历史学家为中学语文老师创设文本情境；研究史传评论，让名人为语文老师确定教学重点；应用史传中的文艺理论，让文论家为语文老师提供一种范式，厘清一类作品，从而由点及面，触类旁通，举一反三。这就是史传对语文老师的三重助力！

（王琳妮　上海市复旦大学附属中学　语文教师　教龄 8 年）

10. 作家手稿的启迪

1997年7月，我参加杭州师范学院毕业典礼。教了我一年文选课的任老师问我："师范毕业了，想当什么老师？"我不假思索地说："做一名小学语文老师！"任老师扶了扶他的眼镜，说："小学里，语文老师是最难当的。你想好啦？"我斩钉截铁地说："想好了。我要当一名好的小学语文老师！"任老师笑笑说："好吧，当语文老师要努力哦！"

毕业之后，我真的当了一名小学语文老师，也很努力地想当好。但是，当理想遇到现实时，常常会走样——每天很忙、很累、很努力，学来学去却怎么也学不像。

一、作家手稿：开启解读文本的钥匙

正在我彷徨时，学校派了一名教学经验丰富的师父给我。师父是我们区里语文教学界的名师。他经常外出上示范课，我就跟着他去听课。一次，师父去浙江丽水上公开课《那片绿绿的爬山虎》，上得非常成功。

课后，我问师父："为什么你能把《那片绿绿的爬山虎》教得这么好？"

师父说："因为这篇课文我读了不下一百遍。"

我惊讶地说："这么多啊？你哪来这么多时间呢？"

师父说："时间嘛，挤挤总会有的。只有静下心来多读，你才会走进课文中去，才能了解作者的所思所想，那样课自然就能上好了。"

师父的这番话犹如当头棒喝。我貌似每天过得很忙，但跟师父比起来，我真正花在教学研究上的时间实在太少太少了。我的心片刻都没有安静过，疲于应付教学中的种种琐事。"我要像师父一样潜下心来！"我对自己说。

那天晚上，师父把《那片绿绿的爬山虎》的教学设计给我看，我接过教学设计，一看竟然有七页之多，估摸着有六千多字。这又一次震撼了我——我上课的教案顶多一千多字，而师父写的是我的六倍。原来，在课堂上的四十分钟里，师父的每一个字、每一句话都是精心打磨过的。

我注意到师父上课时的最精彩的环节，教学设计中给出了三种预案。师父察觉到了我的惊讶，对我说："这些是你看到的，还有你看不到的呢。那就是我会去搜罗课文作者写的'创作谈'，也就是去了解作家在创作这篇作品时的所思所想以及写作的背景。你比我年轻，精力更充沛，想要上好课，我建议你去研究作家的手稿，那是开启作家内心的钥匙，有助于强化自己的语文意识。"

师父给我指点了一条教学研究的路径，我就这样踏上了阅读作家手稿的旅程。对于师父上的《那片绿绿的爬山虎》一文中，叶圣陶先生给肖复兴修改作文的手稿，我反反复复地研究着……

在叶圣陶先生给肖复兴修改《一幅画像》的手稿中，共有四十五处修改，其中修改整个句子的有六处，修改用词不妥的有五处，修改错误标点的有五处。正如肖复兴在《那片绿绿的爬山虎》中写的那样："映入眼帘的是红色的修改符号和改动后修改的小字，密密麻麻，几页纸上到处是红色的圈、钩或直线、曲线。”阅读手稿，让我读出了叶圣陶先生对青少年的关心与爱。

我把我的发现说给师父听，师父说：“你从叶老修改的数量上读懂了文本。把你的这些发现，变成学生学习的探究过程，这就是老师的‘引导’。一个老师的高明之处，就在于‘引导’。”

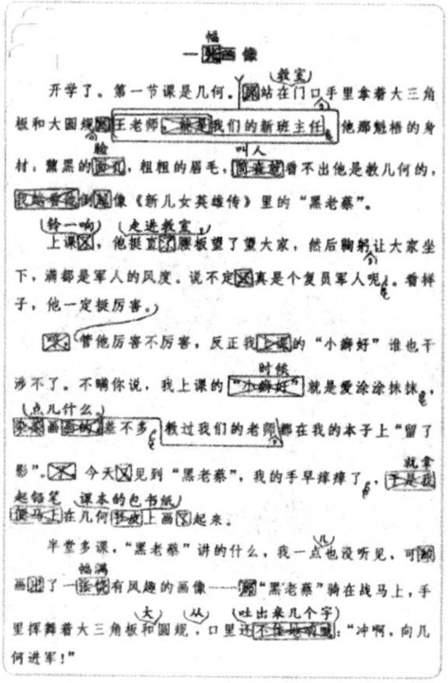

二、潜心研读：把握课文的精神实质

图一　叶圣陶修改肖复兴《一幅画像》的手稿

我对阅读作家手稿产生了兴趣，曾经不止一次地想象，当作家，特别是那些文章被选入教材的作家，来到我们的语文课堂，教学生由自己写的那篇文章，他会怎么教？他会词不达意，还是会滔滔不绝？

事实上，学校也开展过“作家进校园”、“作家进课堂”的活动，我也曾听过一些作家给学生上的课，都很精彩。他们教得不一定有多好，但确实开拓了我的思路。

与作家们相比，我们老师所欠缺的语文基本功，就是对课文精神实质的把握。就拿我来说，以往备课，都是依靠教学参考（简称“教参”），教参上说什么，我就教什么；教参上写怎么教，我就怎么教——唯教参是从。

殊不知，教参中所定的教学目标、教学重点、教学难点，有时也不一定准确或正确。就拿四年级教材中叶圣陶先生的《爬山虎的脚》一课来说吧，教参上的教学目标是：“学习作者细心观察的方法，培养留心观察周围事物的意识。”这样的教学目标太过宽泛，没有针对性，假如放在其他课文中也行，但对于这篇课文来说，教学目标制定得太大、太模糊，缺少聚焦。阅读叶圣陶先生的手稿，我意识到光是“学习作者细心观察的方法”显然是不够的，还得进一步应用习得的方法。

叶圣陶先生曾经说过：“阅读是‘吸收’的事情，从阅读咱们可以领受人家的经验，接触人家的心情；写作是‘发表’的事情，从写作，咱们可以显示自己的经验，吐露自己的心情。在人群中间，经验的授受与心情的交通是最切要的，所以阅读和写作两项也最切要。”

基于对叶圣陶先生手稿的阅读，我把《爬山虎的脚》的教学目标制定为：“通过对词句的理解了解爬山虎的脚的形状和特点，学习作者抓住事物的特点观察事物的方法，并学习把事物的特点描写准确、具体。”目标中，既锁定了单元主题“学会观察”，又使观察在“写作”中落地生根。这也是教学的重点与难点，正好与叶圣陶先生的主张吻合。

我通过阅读作者的手稿，打开了视野，把握住了教材的精神实质。这样，我逐渐能够把握语文教学的重点、难点，我的语文课堂教学更加深入、扎实，渐渐地呈现出了新面貌。师父肯定了我的进步，同时又说：“阅读作家手稿，还可以做得更好！”我回答道：“对，还可以运用得更合理。”

三、合理运用：用文学的方法教课文

四月在扬州，我偶遇人民教育出版社报刊社副社长、小学语文室编辑王林博士。在互相问候之后，他从包里取出一本书递给我，书名叫《作家和你谈课文》。他对我说：“这本书里，我们把选入教材的作家的创作手稿都收集起来，编写成了作家们的创作谈，相信对你的语文教学会有帮助的。”说完，他在书的扉页上提笔写下：“晓燕老师指正。”我诚挚地谢过之后，喜出望外地翻看起来。

巧的是一翻就翻到了叶圣陶先生写的《小小的船》。叶圣陶先生用日记的形式记录了创作《小小的船》的经过："自以为得意，录之：弯弯的月亮小小的船，小小的船儿两头尖，我在小小的船里坐，只看见闪闪的星星蓝蓝的天。多用叠词，多用韵字，意极浅显，而情境不枯燥，适于儿童之幻想。二十年前在开明编小学课本，即涉想及此，直至今乃始完成。"

这是我在教参中，无法读到的文字。这样的创作手稿文字，一方面让我了解了作家创作的过程，另一方面也让我窥见了《小小的船》一文在文学上的精妙之处，从而改进了我的教学。

再读叶圣陶先生当小学教员时写下的手稿，一句"得失塞翁马，襟怀孺子牛"，字里行间充满了这位大教育家对教育的情怀。

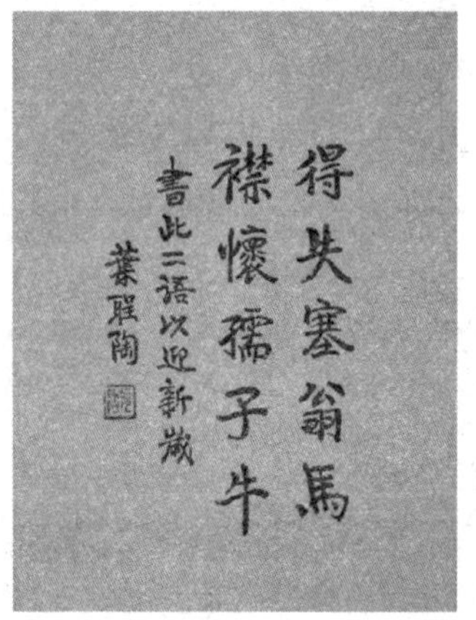

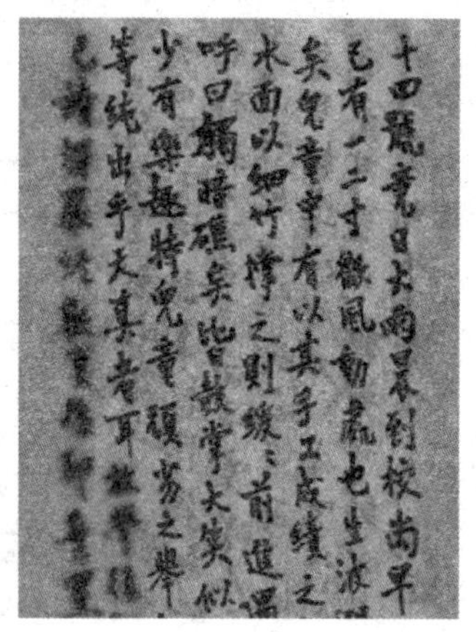

图二　叶圣陶当小学教员时的写作手稿

受此启发，我在教学中尝试用文学的方法来教学，不仅把握住了教学的重难点，也力争把课文教得趣味盎然。

例如在教授《爬山虎的脚》第三自然段"爬山虎的脚的样子"时，我课前先让学生去观察爬山虎，再尝试描写爬山虎的脚。我大胆地把学生写的爬山虎的脚作为教学资源，放到教学中，与叶圣陶先生写的原文进行比较："读一读下面两段话，说说哪一段描写得更准确、更具体？"

☆爬山虎的脚是褐色的，是一根根的细丝。这些细丝像一双双小脚，长在叶柄上。这就是爬山虎的脚。（学生）

★爬山虎的脚长在茎上。茎上长叶柄的地方，反面伸出枝状的六七根细丝，每根细丝像蜗牛的触角。细丝跟新叶子一样，也是嫩红的。这就是爬山虎的脚。（叶圣陶）

学生通过比较，明白了叶圣陶先生将爬山虎的脚生长的地方、形状、颜色三个方面描写得有序、准确、具体。这样的"明白"是学生自己探究出来的，体现了以学生为中心的教育理念。

之后，我还指导同学们拓展阅读了叶圣陶先生写的《牵牛花》、《叶圣陶散文集》。我的体会是，一个孩子从小能有自己喜欢的作家是一件很幸福的事，会在思想、写作方法上受益匪浅。

四、收藏学生作品：给成长一个注脚

课文是一个例子，学生学习课文是为了能举一反三，在实践中灵活运用，实现《全日制义务教育语文课程标准（2011 版）》中倡导的"学习语文文字的综合运用"的目标。

在教学叶圣陶先生的《爬山虎的脚》时，我引导学生像叶圣陶先生一样仔细、有序地观察一种植物。观察完后，抓住这种植物最与众不同的一到两个特点，将其准确、具体地写出来。

学生在作文中写蝴蝶兰花生长的状态（见图三），“这花梗很长，它从叶腋中抽出来，到了上端就变得弯曲了”，描写得十分准确。“像一只只美丽的蝴蝶停留在花枝上”，用比喻句把蝴蝶兰花的形状描写得具体、生动。

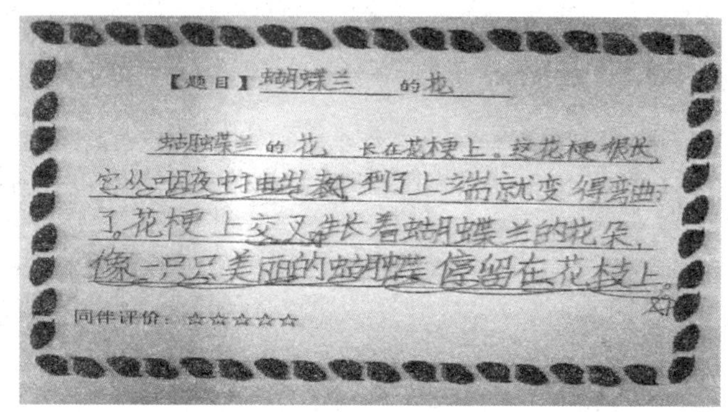

【题目】蝴蝶兰 的花

蝴蝶兰的花，长在花梗上。这花梗很长，它从叶腋中抽出来，到了上端就变得弯曲了。花梗上交叉生长着蝴蝶兰的花朵，像一只只美丽的蝴蝶停留在花枝上。

同伴评价：☆☆☆☆☆

图三　学生的习作手稿

静心阅读学生的作文，我强烈地感觉到，教师的阅读决定了教学的高度，教学的高度决定了学生的高度。他们之所以能很好地描写出植物的样子，是因为他们学习了叶圣陶先生在《爬山虎的脚》中所用的观察方法和描写方法，学得很到位。

作家们的手稿是属于作家的，而学生们的创作中有着我这名语文教师的影子，我非常高兴地看到自己的阅读能与学生的学习、生活、生命结合在一起，给他们的成长一个有力的注脚。这也是教师阅读的价值所在。

今年5月，我执教的《爬山虎的脚》一课获得了杭州市“一师一优课、一课一名师”评比活动的一等奖。师父向我表示祝贺：“你学会潜心领会文本了，你的专业也得到了发展。”我说：“潜心的路，还很长。”

是的，阅读与成长不是一蹴而就的，需要耐心、静心、诚心。除了阅读作家们的手稿、创作心得，我还阅读了《学习的快乐——走向对话》（佐藤学）、《教育的目的》（阿尔弗雷德·诺斯·怀特海）、《教学勇气——漫步教师心灵》（帕克·帕尔默）……这些好书在语文教学上给予我智慧和力量，也带我走进学生的精神世界，丰盈他们的生命。

我从来没有忘记当初答应任老师的话："我要当一名好的小学语文老师！"

（姜晓燕　浙江省杭州市余杭区天长世纪小学　语文教师　教龄 19 年）

第三章
学理论知行合一

我读书的方式和习惯有三个特点，可以叫作三不主义：第一，不务正业，博览群书；第二，不走弯路，直奔大师；第三，不求甚解，为我所用。

——周国平 《我读书的三不主义》

11. 从共读式翻译到课程式共读

2016年，我有幸与两位老师一起翻译了书籍 *Discipine With Dignity*：*New Challenges*，*New Solutions*（中译名为《中小学生纪律教育——全方位解决纪律问题的策略》）。当时就被这书的原版书名深深吸引了。“Discipline with Dignity”，直译的话应该是：有尊严的纪律教育。

一、找回失落的“尊严”

作为一线教师，我们每天遇到的纪律问题不胜枚举，可在处理纪律问题时经常会弄得身心俱伤，要不伤了学生，要不伤了自己。这真是一本有意思的书。美国教师在处理纪律问题时，顾及教师和学生尊严的处理方式和策略是怎样的呢？美国是否和我们一样，当学生违反纪律时，会采取批评教育的方式，或联系并请求家长一起参与教育呢？这本书所描述的关于纪律问题的处理方式有哪些创新和突破？处理纪律问题时是否可以兼顾责任和尊严？老师们在处理纪律问题的过程中如何处理情绪与事件呢？纪律问题解决的过程带给学生的是成长还是倒退呢？我们的许多问题可以从书中找到答案。

我们三位译者先通读了英文版原著，重点对高频词进行了理解和翻译的统一，然后分工，组建翻译群，对翻译难点边译边讨论。随着对原文的深度解读和翻译草稿的出炉，我们发现，纪律问题没有我们想象的简单。每个纪律问题都深深映射出教师及学生的价值观、违纪学生迥异的内在需求及处理纪律问题时教师携带着的具有强烈个人风格的策略和技巧。我们也发现，美国教师对待纪律问题的核心理念是维护每位学生的尊严；其处理纪律问题时的睿智，也让教师自身的尊严得以保留。译完全书，我们更是满心欢喜地发现，三人小组的深度解读和翻译，让我们收获满满。这是一本非常有指导意义的书，我们一定要努力将其变成一门师训课程，让更多的老师知晓、受益。

新书出版了，我们却意外地发现，中译版书名从原先的《有尊严的纪律教育》变成了《中小学生纪律教育——全方位解决纪律问题的策略》，“有尊严”三个字被删除了。我们三位译者有一点失落，因为“有尊严”三字是贯穿全书的核心理念，也深深地刻在了我们三位译者的心中。我们感到，我们还是有责任让读者们知道，这是关于“有尊严”的纪律教育的一本书。“有尊严”的内涵就是：教师学会用专业的方法处理纪律问题，并且处理问题时得到校领导的支持，维护学生尊严，重建教师的专业尊严。

于是，我们在2017年初，对这本书的内容进行了二次创造，提取了其中的部分观点，结合国内中小学实际，申请创建了一门浦东新区教师培训课程：有尊严的中小学纪律教育。我们对这门课程的定位，不是教师讲学员听，而是由培训师与学员共同阅读、共同参与、共同体验、共同构建新知。如何维护学生尊严并落实于学校教育实践？我们带着一系列的问题，与来自浦东新区不同中小学的四十位老师一起开展了该书的研读活动。

二、共读的问题设计

说到纪律问题，老师们都很有感触。在课程设计中，几位讲师对译著进行深度挖掘，将书中的各章内容转化为几大问题，引导、组织学员们进行共读。同时，运用讨论、辩论、角色扮演等多种形式，在模拟的真实情境中，帮助学员们反思自己遇到的困难、瓶颈、权利与职责、情绪情感的投入等问题，尤其是老师在处理相关问题时的策略技巧。

问题一：有效的纪律教育背后的核心理念是什么？（第二章）

管理学生的行为是一个复杂的任务，在满足全体学生的需求与满足个体学生的独特需求之间，需要一个微妙的平衡。在这个大问题的引导下，四十位学员分成六个共读小组。我们给共读小组布置了更细致的任务：在老师们遇到的纪律问题中，什么样的处理过程及结果让学生心服口服？什么样的问题虽然当时处理了，却留下了后遗症？老师们就处理过的纪律问题进行描述，并写在便签纸上。

“（做操时）我在大庭广众之下批评他，他涨红了脸，尽管当时不说话，但后来始终不服气，回到教室后，摔书摔本子，脸色很难看……”

“我在上课时，他一直不停地讲，我朝他使了个颜色，微笑着朝他摇摇头，他似乎领悟了一点。后面喊他回答问题，便趁势表扬了他……”

“一女生在作文中直接表达了对我的不满。她上课完全不听讲，在课堂上骂粗话，老师说了几句，她下课后就辱骂老师。”

……

同组的老师就这些问题进行了讨论，抽象出有效的纪律教育背后的核心理念是：在所有情况下，都应该维护每个学生的尊严，在大庭广众下批评学生不可取。反过来，学生在公开场合辱骂老师，老师也颜面扫地。有效的纪律教育其实是让教师明白，让学生学会负责任比让他们学会顺从更有价值。

问题二：纪律教育是重后果轻惩罚还是重惩罚轻后果？（第四、第五章）

在各个学校，教师们处理违纪的方式有很多种，比如：根据所犯错误的大小开违纪单，班主任把学生叫到办公室谈话，班主任打电话请家长，老师让学生写保证书，学生被老师扭送到教导处，等等。这些处理方式大多是由班主任主观裁定的，换句话说，是班主任一厢情愿的。老师们在处理纪律问题的过程中，是否有征询过学生自己的想法？学生是否会认为老师的处理方法是随机的？

实例：学生上课插嘴，老师联系家长，希望家长严格管教，并让学生写保证书。家长不以为然，只是认为孩子小、调皮而已，并不重视。结果学生依旧调皮。

在这个例子中，教师这么处理，学生的尊严是否受到伤害？家长对教师的做法不以为然，教师的尊严是否也受到了伤害？如果按学生的想法来处理，会出现什么样的结果呢？

这些问题让老师们陷入了深深的思考，并带着这些问题共读了第四、第五两章的内容。大家对问题有了新认识：让学生选择并承担后果，会帮助他们学会做出更好的选择；让他们审视和承担责任，以此帮助他们修正自己的错误。这样，在保护学生尊严的同时，教师也不会觉得受伤或陷入尴尬的境地。因此无论是接受惩罚，还是其他后果，均不能由老师一人决定，更不能事先预设。选择处理方式需要学生的共同参与，以增强他们的责任心，让他们在承担后果的同时获得成长。

问题三：针对同一个纪律问题，是否只有唯一的处理方式？（第六章）

正如本书作者说的，我们如何做比我们做什么更重要。书中将处理方式分成了四种类型：一是通用的处理方式，比如：提醒或警告、改进行为的行动计划、利己利他的处理方式等；二是传统的处理方式，包括留下来、给家长打电话、移交教导处等;三是教育性的处理方式,其目的是用来教授学生新行为,使其获得成长;四是自然的或逻辑的处理方式,这些可以是学生选择的直接的结果。

讨论时,我们根据书中的框架,将我们预先调查的问题及结果进行汇总,让老师们进行甄别和判断:每个纪律问题给老师呈现的处理方式属于哪一种?如果换一种更好的处理方式,老师们将更倾向于选择哪一种?哪一种处理方式更能维护学生尊严,哪一种更能维护教师尊严?如果要将这些事件的处理方式,与学生进行商榷,达成并执行教育性的处理方式,那么教师该如何操作?

问题四:作为教师,你有压力吗?如何有效管理自己的压力?(第七章)

这一问题刚一抛出,老师们就打开了话匣子。一线教师的压力源自很多方面:有来自教学评比的,有来自学校各种事务性工作(学校行政听课等)的,有来自处理学生纪律问题的,有来自家长的……在此基础上,培训师再作进一步引导,并给学员们现场做了一份压力自测问卷,让大家自查、知晓自己的压力源。

然后,老师们在组内交流压力管理策略,培训师再引导学员共读第七章内容。原来国外的教师面临的压力和我们一样,而他们的处理方式非常多,有些是我们已经在用的,有些是我们没想到的。教师们恍然大悟,原来减轻来自教学的压力、来自学生的压力、来自管理者的压力的策略各有不同,其最核心的意义就在于,运用这些策略可以维护教师的专业尊严,使自己在处理纪律问题时不再深度卷入、疲惫不堪。

三、实践尝试与建构新知

老师们在后两次的共读中,选择了将知识(经验)落实于行动再创造新知的共读目标,即:提升——行动——提出行动指南(建构新知)。我们在案例分析的基础上,尝试性地提出了对于解决一般纪律问题的行动指南。

行动指南一：管理情绪

我对老师们遭遇的纪律问题和当时的情绪、想法、处理方式、后果及影响进行了调查，从中选择了几个事件进行分析(见表1)。

表1 教师对于课堂刺激性事件的反应

事件	教师当时的情绪	教师当时的想法	处理方式	后果及影响
有学生在课上自言自语，说作业太多。	很生气。	这个孩子一点上进心也没有，很懒！	严厉批评说："你爱写不写。"	该学生虽开始写作业，但仍抱怨作业多，影响其他同学。
有学生在课上插嘴。	特别讨厌。	怎么又插嘴了，想引起同学们的注意。	不愿意理睬他，装没听见，继续讲课。	屡次犯同样的错误，没有改正。
……				

通常教师是非常讨厌学生上课大声乱说话的，但限于上课进度，往往只能说一句"请安静"，或装作没听见继续讲课。事实上，我们对于纪律问题的处理，有时候是匆忙的，是带着个人情绪的。在许多情况下，选择的处理方式并不是最有效的。此外，每个教师对于同一问题会产生各种不同的情绪(愤怒或生气)，并呈现出不同的水平。

在共读、讨论的过程中，老师们发现了这个问题。对于同一个纪律问题，组内老师的个人体验是不同的，有的甚至说，这不值得生气，你不需要愤怒等。随后，让老师们分别写出自己的处理方式，再进行小组讨论，选出认为可以尝试的、最适合的一种策略。老师们都同意，处理问题时应从多个角度考虑，尽可能地不带个人情绪，这样才能客观地考虑问题本身，平心静气地和学生商谈处理方式，这样既尊重了学生，也保护了自己。

行动指南二：稳定局面和重新解读

书中提出，稳定局面和重新解读是两种有效的干预方式，同时也是维护师生尊严的重要一步。当学生出现违纪行为时，教师首先要稳住局面，控制情绪，避免和学生进行对抗、冲突，那样会使情况变得更糟。教师对纪律事件的重新解读（重新理解面对的问题）会使得事情能有合适的结果。

于是我们在读完第六章“采取行动”后对老师们提供的情境进行重新解读（见表2）。

表2　对于教师提供情境的重新解读

序号	情境	第一反应	重新解读
1	某个同学（一年级新生）在上课时自己走出教室。	老师感觉莫名其妙，将他请进教室。	孩子是否发生什么事了，是不是身体不舒服？
2	某同学不认真做操，跑前跑后，一个人手舞足蹈。	太突兀了，把整个队伍秩序都打乱了，点名批评。	是什么事情让他这么兴奋？他为什么跑前跑后？
3	……		

重新解读是一种能力，是放下身段倾听，设身处地为学生着想，调整认知的过程；是老师对自己的第一反应做出挑战，从更多的角度重新进行思考的过程。

行动指南三：优先选择教育性的处理方式

根据指南一和指南二，当学生破坏纪律时，教师让学生解释是给予他们机会去认识错误行为所产生的影响。同时，在决定学生承担的后果时，让学生参与进来，学生就有机会选择更好的方式来学习。老师们在提出行动指南二的过程中提供了多个情境，我选取了其中一个情境呈现教师们的共读讨论成果（见表3）。

表 3　对于同一情境重新解读后的处理方式对比

情境	原先的处理方式	教育性的处理方式(步骤)
在一堂课上,靠窗的一个男孩把窗打开了,可坐在前面的一位女同学随手关上,两人开始争吵起来。(第三组)	老师让男孩主动退让,男孩根本不听,跟其他劝和学生争吵起来,最后该冲突在全班同学的沉默中结束。	1. 请两位同学分别陈述关和开的原因。 2. 让两位同学说出内在感受,之所以产生情绪并发生争执,是因为窗户开关还是因为别人和自己对着干。 3. 体会对方,达成和解。适时展开教育,每个人都需要换位思考。

学员们在反思时发现,大家的普遍做法是先批评,后请家长,然而对丁请家长辅助的效果并不满意。书中的策略是,我们可以邀请家长参与评估后果,鼓励他们提建议;与学生共同选择处理方式,认识什么样的方式有助于学生成长,而不仅仅是将学生在校的纪律问题抛给家长,让家长回家解决。这些行动指南都是老师们总结出的策略和方法,是共读、讨论、体验、反思、提升的结果。

四、对课程式阅读实践的思考

从原著翻译的角度看,原文的共读在很大程度上避免了理解上的偏颇,三人翻译小组的互相切磋,有效地增进了对外籍作者及外国文化的理解,对文中不理解的地方能够追根寻源,避免了盲从和误解。翻译本身要求信、达、雅,只有深度阅读,才能提笔翻译。

从课程构建的角度看,因为两位课程申报人都是译者,所以能够提纲挈领地提出引导性问题,帮助老师们梳理整本书的核心内容,并引导大家结合国内现实情境进行共读。

四十三人的课程式共读，让我们进一步将书中的理论与实际联系起来。一线老师现身说法，在交流中碰撞出思维火花，直达纪律问题的内核，并将理论运用到实践层面。同时，老师们根据自身经验，结合书中处理问题的框架，构建出我们本土化的行动指南，这也是创造新的实践理论的过程。

这样一种课程式共读的方式，是我们在教师读书与专业成长方面的一次创新尝试。尽管道路漫长而艰辛，但我们已尝到了收获的甜蜜和喜悦。

（陆如萍　上海市实验学校　心理教师　教龄 11 年）

12. 遇见一个人，推开一扇门

读名师课堂实录，学名师课堂教学，可能是每个青年教师都会做的一件事。我就曾经非常喜欢一位名师，读过他的许多课堂实录，“指导朗读——个性对话——品味词句——主题升华”，我自以为获得了他课堂教学的精髓。在一次教研活动中，我循着这条路子，执教了《他从火里跑出来》。课后，教研组的老师对我竖起了大拇指，教研员却对我说：“我们需要的不是上得漂亮的课，我们应该追求让学生学有所得的课。”按照教研员的要求，这堂课的教学内容、结构要全部重新设计。我既不服气又很疑惑：我这样教为什么不行？名师也这样教的啊！学名师课堂，却学到迷茫，像我这样的老师，估计不止一个。

有时候，如果没有遇见一些人，我们永远也解不开心中的疑团。有时这种遇见，完全是偶然。今年5月，我参加了“全国小学语文‘聚焦语文核心素养’创新课堂观摩研讨会”，观摩了几位名师的课堂教学。在几堂课后，一位教授被请上台，为大家作报告。我正昏昏欲睡，突然听到教授说：“语文不是学课文内容，而应该是用课文来学语文。”我的瞌睡一下醒了：什么意思？课文内容不就是语文吗？又听到他讲：“语文课程的教学内容可以分为两类，一类是语文本体性教学内容，另一类是非本体性教学内容……”什么？语文课程内容有本体性和非木休性之分？哇，这是什么理论，我从来没有听说过！我竖起耳朵，听他说：“以这个观点来看，刚才的课堂教学是有点问题的。”我的内心是震惊的，把名师课堂点评为教学内容安排不当，点评人得有多高的水平和气魄啊！这个人是谁？他为什么能说出这样的大话来？看看教授名字——吴忠豪！百度说他是上海师范大学教授，是对小学语文教学有着深刻了解的人，是有自己完整的教学理论体系的人。没有想到，就在观摩了名师课堂之后，我能遇见解开我疑惑的人。

一、爬坡阅读，那里有我未知的天地

吴教授作了“语文课要加强一个基础、两项实践”的报告，其中很多观点，我从未听过。比如：语文是综合性课程，核心是语言；语言材料、语言规则、语文方法、语文技能是本体性内容，情感、价值等非本体性内容渗透在本体性内容中；语文教学不是教学生理解规则，而是引导学生熟练运用……我一边飞快地记着，一边暗自想：难道，这就是教研员老师说我的课不实在的原因吗？报告不长，却给我带来莫大的冲击，犹如一道光，在我心头“唰”地掠过，我隐约看见了我面前紧闭着的那扇语文教学的门，我心中的疑团催促我要去抓住那道光。

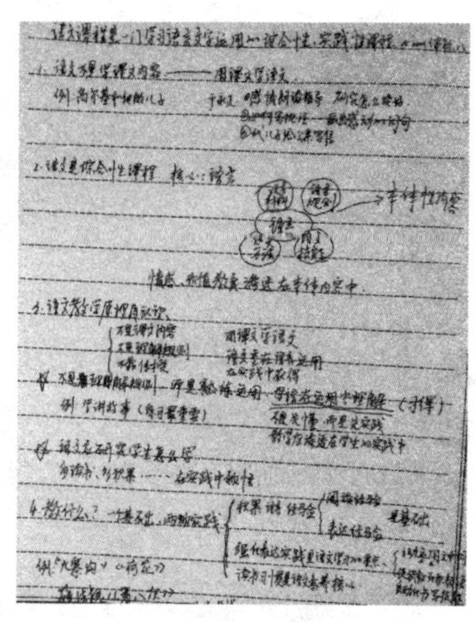

图一　听“语文课要加强一个基础、两项实践”报告笔记

回到家，我在“中国知网”的“中国基础教育期刊全文数据库”对作者“吴忠豪”进行精确检索，共获得记录 135 条：《语文课要指导学生“学习语言文字运用”》、《语文本体性教学内容与教学设计》、《聚焦学法的语文教学路径探析》、《构建实践型的语文课程教学》、《跳出讲读课文的思维定式》、《组块教学，值得推荐的阅读教学模式》、《分类编制阅读试题的讨论》……内容很丰富，又比较集中在小学阅读教学领域，所以观点阐释得很深刻。我全部下载下来，如饥似渴地读了起来。

吴教授的文章基本上是理论加案例组合的形式，普通教师还是读得懂的。但是我以前读名师课例比较多，阅读思维习惯是在阅读中提取“什么地方怎么做”的信息，这导致我在初读吴教授文章时，脑子里只剩下了他在阐释观点时列举的教师课堂教学例子，却记不住他的观点，理论方面的东西在我脑子里还是模模糊糊的。怎么办呢？我只好边读边做笔记，帮助自己梳理。

边读边做笔记，我逐渐形成了提炼文章框架的习惯，读完文章后，不仅记住了其中的具体例子，也从整体上把握住了文章的结构和脉络。从我的阅读习惯来说，这是一次很大的爬坡成长。在一次次读不懂却还读的努力中，我在教学上也爬坡成长着。此时，我才明白了教研员为什么会那样评价我的课堂。再看自己的《他从火里跑出来》的教学设计——太偏重思想情感的体悟！学生根本没有学习到“本体性内容”！学的是品德与社会，不是语文，是该摒弃！是该批判！

在阅读中，我仿佛又坐在讲台下，重听吴教授的精辟见解，虽不能亲见，但从一行行文字中撷取了他语文教学研究的精华。在吴教授文章的引领下，我似乎叩开了语文教学大门的一条门缝，觑到了别样的风景，虽然读得很累，但很愉快。

二、延伸阅读，文中有图我索骥

吴教授不是纯理论家，他和一线教师常有切磋交流，经常在文章中列举教师的课堂实例，评析他们的优劣得失。虽然各种期刊上的名师课堂实录中也常有名家点评，但不知为何，这些点评只说执教教师做得好，好像完美无缺似的。而吴教授不然，他会在文章中指出哪些做法有欠妥当，如果按照什么观点应该怎样去改进。从这一点上来讲，我觉得吴教授的文章特别值得青年教师读——不至于陷入“唯名师”的泥淖。

由于篇幅的限制，吴教授列举课例时，一般只选取其中的片段；讲评教师时，一般也只是选其上的某一课。这些课例是不是真的这样改更好？这位教师为什么会受到吴教授的称赞？我把教授文中提到的课例和教师都搜出来进行扩展阅读，发现收获不比读吴教授本人的文章少。如吴教授在《构建实践型的语文课程教学——全国小学语文名师工作室联盟 2016 年年会总结》一文中，讨论了林莘老师的《武松打虎》怎么上更好。我就想方设法找到林莘老师的《武松打虎》课堂实录来读，觉得林莘老师上得真好！再重读吴教授的点评，觉得教授点评得也真好！我根据教授的点评重构了这节课，尝试着构建全新的教学内容和课堂结构，这是教授的《武松打虎》，也是我蹒跚学步的《武松打虎》。

吴教授在《组块教学 值得推荐的阅读教学模式　　兼评薛法根教学〈匆匆〉》一文里，介绍了薛法根老师的“组块教学”。“组块教学”又是怎么一回事呢？我又开启了新的阅读，认识了一种新的教学模式。读着吴教授的文章，用他的观点去审视名师的教学，我才发现名师课堂教学方法背后的理念，才知道名师“为什么这样教”，绝不仅是“指导朗读——个性对话——品味词句——主题升华”这样简单。我才发现没有十全十美的课堂，名师的课堂也有“硬伤”。

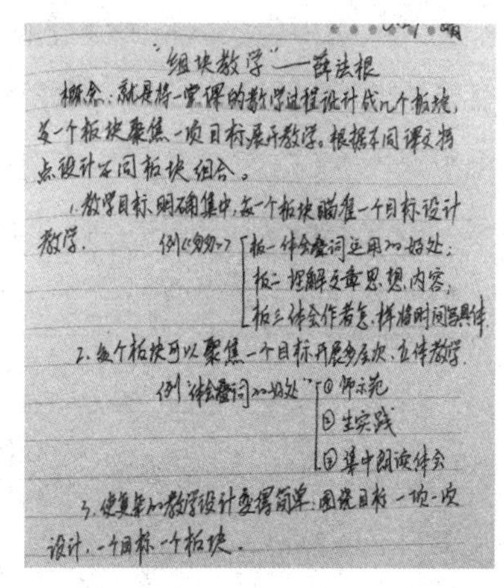
“组块教学”——薛法根
概念：就是将一堂课的教学过程设计成几个板块，每一个板块聚焦一项目标展开教学。根据不同课文特点设计不同板块组合。
1. 教学目标明确集中，每一个板块瞄准一个目标设计教学。
例《匆匆》
板一 体会叠词运用的好处；
板二 理解文章思想内容；
板三 体会作者怎样将时间写具体。
2. 每个板块可以聚焦一个目标开展多层次、立体教学。
例“体会叠词的好处”
① 师示范
② 生实践
③ 集中朗读体会
3. 使复杂的教学设计变得简单：围绕目标一项一项设计，一个目标一个板块。

图二　“组块教学”读书笔记

我觉得，我在阅读吴教授文章的过程中，形成了“批判”的思维，掌握了甄别名师“漂亮的”和“实在的”课堂教学的方法，我再也不是名师身后的崇拜者，而是和名师并肩的审视者和学习者。

阅读，给了我创造的底气和源泉。我沉下心来，重新研读起课文《他从火里跑出来》，围绕“质疑问难”学习方法重新设计了“陌生化语言，激发疑问；边读边思，写出疑问；展示问题，交流收获”三大学习活动板块。教研员老师看了我这一稿的教学设计后，高兴地说：“这才是有‘语文味’的语文课！主题明确，活动安排合理，学生在这样的课堂里才可能真正提高语文学习能力！”

霎时，我感到天高海阔，仿佛看见语文教学的大门已经在我面前打开。

三、比较阅读，原来世界那么大

然而，推开语文教学大门的满足感并没有持续太久。在熟稔了吴教授关于“学习语言文字运用”的“教什么”、“怎么教”理论后的一天，我在《小学语文教师》上读到杭州师范大学吕映教授的《多元指向，实现阅读课程的多元价值》。在这篇文章中，吕教授认为：“在日常学习和生活中，阅读的应用机会远远多于写作，从这个意义上来说，阅读比写作更重要。”她提出的阅读教学具有“多元价值”的观点，与吴教授的语文应重视“本体性教学内容”的观点有所抵牾（见表 1）。

表 1　吕映与吴忠豪阅读教学观点比较

	阅读教学本位是什么？	阅读教学策略
吕映	指向阅读、表达、思维、文化、审美、生活应用等多元价值。	无论是教学指向、教学目标还是教学内容，都应该清晰、纯粹、集中，实现一课一得。倡导内容理解、情感体悟与教学核心指向的有机整合，使教学内容发挥整体效应。应突破单一的教学内容、雷同的教学模式，呈现多样的面貌、独特的风格。

续 表

	阅读教学本位是什么?	阅读教学策略
吴忠豪	应该以本体性教学内容为目标组织教学,情感、态度和价值观教育应该渗透在语言文字学习过程中。	应严格依据学生语文学习的认知规律"认识——实践——迁移"来设计教学流程,课堂是否热闹、教师语言是否精彩、文本解读是否有新意、教学手段是否先进等都是表面的、形式上的东西,不能成为评价一堂课的主要指标,语文本体性知识是否"学得有效"才是课堂评价的主要指标。

没想到,对于我差点奉为"真理"的语文课堂教学理念,这么快就出现了争议,并在教师中引起了很大反响。语文教学真复杂,语文世界真广阔。

他们谁说得对? 我又迷茫了。在语文教学理念还在不断发展的今天,恐怕没有哪个语文老师不迷茫。也许,吴教授说得对,"我们的语文学科教学理论研究时间太短暂了,30 年不到。学生的语言学理我们还不清楚,语文的课程设计还在不断调整变化,导致我们语文教学要求一直在变来变去"。我们一线的语文教师怎么才能跟上这种变化,或者怎么才能在语文教学改革路上真正有所作为呢? 恐怕唯有不断阅读,不断思考。

在阅读过程中,我们可以遇见一个个如吴忠豪教授这样的"思想者",无论是我们与他们"不约而同",还是"言人人殊",通过"爬坡、延伸、比较"的阅读,最终都可以加厚巩固或是瓦解重构我们的教学体系,都必然帮助我们收获更多、成长更快。迷茫,促使我开启下一轮阅读航程。我期待着这珍贵的遇见。

(魏　艳　上海市崇明区竞存小学　语文教师　教龄 9 年)

13. 新教师初入桃花源

在时间无涯的旷野里，碰见了该碰见的桃花源；于千万人之中，成了想成为的那个读书人。幸甚至哉，文以载志。

有涯之吾生短矣，曲折而困惑。

无涯之读学助长，豁然而通达。

一、缘溪行，忘路之远近——初见

一毕业我就任教一年级语文，教学拼音时，很多小朋友出现了畏难情绪。家长纷纷跟我反映，小朋友识字量很小，觉得学语文不开心，问我有没有什么办法。作为一个“崭新”的语文老师，我苦思冥想了很久，最终决定把自己曾经的经验送给孩子们。我说，不爱语文的话，就去读书吧！读书是一件快乐的事。

我很希望自己能变成孩子和书本之间的一座桥梁，所以我很努力地发动全体家长和学生阅读。家长们深以为然，显得热情高涨。可接下来的问题却使我难免有些失望。很多家长开始问我："老师，你觉得哪些书可以巩固孩子的拼音知识？""哪些书可以扩大孩子的词汇量？"更有甚者，有家长问我："读什么书可以提高孩子的语文成绩？"我难以回答，唯有默然。

这些问题，我是真的回答不上来。因为，在我读书之初，只是像那个捕鱼为业的武陵人一样——缘溪行，忘路之远近。我未曾料想过，我会遇上那片桃花源。

我只是纯粹地觉得快乐，无人告诉我，我该往哪边走。更没人向我保证，你往前走，定能看到那片世外桃源。彼时的我，看《白雪公主》时，并不考虑这本书能让我多学几个成语。我只觉得白雪公主的后妈真坏，我好喜欢可爱又善良的七个小矮人。如此而已。

读书人是自由人。正如周国平所说："我从这些伟大作品中感受到了人性的深度和广度，仿佛在我的心中建立了一个秘密花园。有了这个家园，当我面对僵化的环境和课程时，就能够保持一份内在的自由，也保持了一种免疫力。"你看，读书就在悄然之间为我们撑起了一座精神的大厦。可是现代社会大步迈入了经济高速发展的阶段，浮躁之风日益盛行。如果一切的前行，眼里只有目的地，那中华上下五千年，前辈先贤苦心孤诣为所有读书人筑造的那一片自由花园，花香又飘去了何方？

读什么书呢？初出茅庐，带着书生意气的我，觉得无用之用方为大用，无用之书方为大书。读无用之书，大概更能成有用之人。

二、林尽水源，便得一山——前行

教书没多久，我就发现，仅凭着一腔书生意气，风发不了几度春秋，也挥斥不了尺寸方遒。一年级的孩子灵动而可爱，求知而好动，每个人都有着自己缤纷的小世界。语文课堂上，稍有不慎，我就只能唱着独角戏，便纵有千种风情，更与何人说？

大学时，我的专业老师曾经为我们推荐过茹茉莉老师的《开学三十日——小学一年级新生适应期教育智慧手册》。那时，囫囵吞枣，匆匆看过。如陶潜先生所言："好读书，不求甚解。"当我和我的学生们一起走进一年级时，我又想起了这本书。这时再来揣摩这本书，我发现其中确是充满了智慧。这本书的妙处在于，作者也是一个带着情怀的读书人，她也致力于把读书这件美事带给孩子们。

一开始，我采用了"拿来主义"。开学没多久，我也学着茹茉莉老师的方式，给孩子们讲了犟龟的故事，旨在告诉孩子们，不要担心结果，因为出发了就能碰上庆典。我讲得十分辛苦，也自以为深入浅出，鞭辟入里。可是一年级的孩子们却并不买账。听到一半，他们就控制不住自己的行为，注意力开始分散。最后等我点出主旨时，孩子们显得兴致缺缺、意兴阑珊。

于是我开始反思，"拿来主义"这一套真的适合我吗？真的适合我的孩子们吗？接下来的日子里，我依旧给孩子们讲故事，但不完全按照茹茉莉老师的思路讲。渐渐地，我看懂了孩子们的偏好；慢慢地，我开始能够吸引孩子们更长时间的注意力了。

那段时间，同样让我爱不释手的还有一本瑞典作家写的研究中国字的书，叫作《汉字王国》。这个瑞典人，怀着什么都不是理所当然的态度研究中国字。这种带着无穷好奇心的研究心境竟和孩子们的心境出奇地相似。例如：作为一个中国人，我从来没有思考过，为什么"鼻"字要带着一个"自"字。可是作家却苦思冥想了很久，穿过中国的大街小巷去寻找答案。最后她发现，中国人遇到自豪的事情时，就喜欢指着自己的鼻子说话。我试着把我看到的内容引进课堂，孩子们一下子就爱上了这样的认字方式，对这个字印象深刻，这倒也是个意外之喜。

成为新教师的感觉十分微妙，我好像又成了那个初来乍到的孩童。初见这个世界，开始模仿着这个世界直立行走的“大人”们，蹒跚学步。学着学着，我猛然发现，如果我只是我，那读书是我一个人的事。我只需要不管不顾地“缘溪行”，何必计较“路之远近”。可是，我不仅仅是我，我是为人师表的我。有这样一群可爱懵懂的学生跟着我，需要我把他们引入阅读之门。自此，我懂了：读书，是我们的事。

“林尽水源，便得一山。”读书如看水，看到了水流很欣喜，如果能再努力一些，去寻找水源，或许就能发现，那座巍峨的山已不言不语等了你许久。

三、山有小口，仿佛若有光——探索

我始终认为，低年级的小朋友正处在阅读绘本的黄金时期。所以我常常会跟他们一起读绘本。我的孩子们今年二年级，现在的他们，已经能给我带来许多震撼和启示。

上个星期，我和孩子们一起看了《活了一百万次的猫》。我自己已经看过这本绘本不下十次，每每与它偶遇，都会翻开认真地看一遍。我给这本书的解读是：一只自私不懂爱的猫，遇上了让它懂得爱的另一只猫，从此它变成了一只有血有肉的猫。

我并不喜欢把自己的解读强加给孩子们，多数时候，我只是把这个故事有声有色地读给他们听，或者陪着他们一起读。这次也不例外。

我先把故事的前半段读给孩子们听，让他们找出猫都变成过谁的猫，它每次的死因是什么。孩子们负责找，我负责听。最后我把答案汇总罗列在黑板上。按照规律列好之后，很多孩子自发举手，说了许多他们自己的发现。有个孩子竟然说道：“这只猫每次的死法可能都是主人的死法。”

这一点我从来没有想到过，我十分庆幸没有把自己一厢情愿的解读强加给孩子们，让他们在我的故事里迷失自己。

我们班学生看书的方式很多——有时自己读，有时小组共读一本书，有时学生汇报分享，有时我跟他们一起读。他们显然对师生共读的方式情有独钟。在一次一次的尝试里，我原有的固化阅读模式被这群孩子撼动，我开始爱上了他们教给我的别样阅读方式。

我总是向往魏晋时期的读书人，因为他们是一群有风骨的文人。我的孩子们用他们的点滴行动告诉我，读书人可以有风骨，但不可长太多傲骨，否则容易失去探索远方的勃勃兴致。

无论如何，做个谦虚的读书人吧。带着这份谦虚，在读书的路上上下求索。我们看到的山上透出的光，只是这影影绰绰的世界给我们的一缕恩赐。山那边定还有整片光明。

三人行，则必有我师。

四、复前行，欲穷其林——远方

当了班主任之后，我发现二年级的大部分女孩子已经出落成了懂事乖巧的样子。直到转进一个张牙舞爪的“小辣椒”，我才知道我之前的认知有失“公道”。这个“小辣椒”常常呛得老师和同学口鼻生烟。

我试过许多方法企图“解辣”，均以失败告终。难免生出几分灰心，甚至有些气急败坏。粗浅的我，武断地认定，我看到的海面上露出的那点尖锐的冰山就是整座冰山。

才女张爱玲有一句著名的话：“因为懂得，所以慈悲。”我很喜欢。年少时，我把这句话当作是一句风花雪月下的箴言。读多了，忽然悟了——因为懂得，所以能看到整座冰山；因为慈悲，所以能妥善地解决问题而不伤人伤己。

于是我尝试着去了解孕育出“小辣椒”的“辣椒树”。拨开了眼前的云雾，我才知道，这个孩子，小小年纪，竟也历经了许多坎坷。在她5岁那年，父母离了婚。原来的安静和太平的街道忽然变得嘈杂不堪，连自己的妈妈都无法常常相见。爸爸很快重组了家庭，她变成了别人的三口之家中多出来的人。她只好使尽浑身解数让大家知道，她才不是那个多余的孩子。了解了"小辣椒"的背后故事，我不再气急败坏。

一字便能为师，一句话便能开出一片广阔。远方应该很远，最近的路应该是和朋友一起走。一路走来，一路走去，这个朋友，叫作读书。

（朱颖飞　浙江省衢州市衢江区第二小学　语文教师　教龄2年）

14. 师生共读《烂泥怪》

作家格雷厄姆·格林说:“或许只有童年读的书,才会对人生产生深刻的影响。”可见,对于孩子来说,有一些书,童年时读到了,也就是永远地读到了。作为师者,我们要做阅读的点灯人。

2017年3月,全国“百班千人”第七期的读写活动拉开序幕,我有幸和学生一起踏上了科幻小说《烂泥怪》的共读之旅。

一、猜测导读:让阅读充满诱惑

哲学家萨特曾说:“阅读时,你在预测,也在等待。……你等待它们来证明你的预测是否正确。”的确,阅读的过程就是不断预测、验证的过程。导读课上,我先出示书的封面(见图一)。当同学们看到书名时,那一双双眼睛充满了好奇与惊讶:老师竟然给他们带来了科幻小说!烂泥怪?哦,这到底是什么怪呢?他们开始浮想联翩。

图一 科幻小说《烂泥怪》封面

我引导他们关注封面的图画。那幽深的背景，纵横交错的荆棘，给故事增添了神秘感。

孩子们的问题一个又一个，接踵而来——

画中的一个孩子躲在大树后，他在干什么呢？

另外两个孩子神情为何如此慌张？难道烂泥怪出现了？

他们怎么在森林里？是迷路了，还是来这里探险的？

……

同学们也关注到了封面下方的一句话："磨难并不可怕，重要的是你心中始终充满光芒。"到底是什么磨难呢？是人陷入了烂泥潭，被烂泥缠住了？还是烂泥怪进入了人的身体，使人也成了怪？哈，同学们的猜想大胆极了。不过，可以肯定的是，小说中的孩子们最终打败了烂泥怪，因为他们的心中始终充满光芒，他们肯定是机智勇敢、有正义感的孩子。

"看完了封面，我们再来认识一下作者吧。萨奇尔是编织好故事的高手，还获过许多国际大奖呢！"我开始"煽风点火"。

"老师，你快点发书给我们吧，我们有点等不及了！"梁宇涛着急地说。

在吊足了孩子们的胃口之后，我决定满足下他们的好奇心，先出示故事梗概（见图二）。

从梗概里，同学们知道了小说里的人物有塔玛亚、马修和查德，而查德便是校园霸凌者。同学们猜测这烂泥巴有毒，查德可能是毁容了才不敢回家的。

只是，这惊天的秘密又是什么呢？

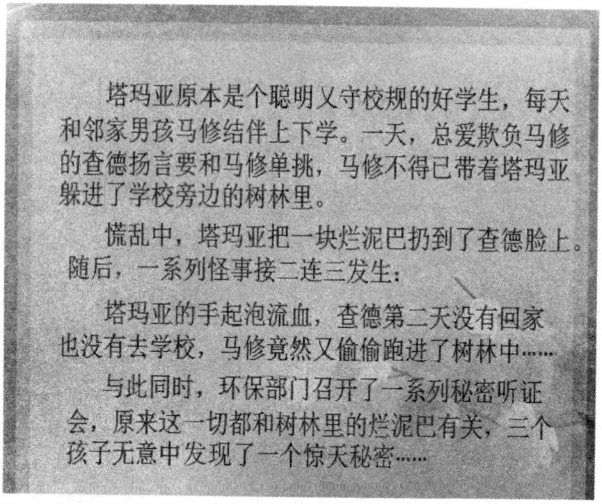

塔玛亚原本是个聪明又守校规的好学生，每天和邻家男孩马修结伴上下学。一天，总爱欺负马修的查德扬言要和马修单挑，马修不得已带着塔玛亚躲进了学校旁边的树林里。

慌乱中，塔玛亚把一块烂泥巴扔到了查德脸上。随后，一系列怪事接二连三发生：

塔玛亚的手起泡流血，查德第二天没有回家也没有去学校，马修竟然又偷偷跑进了树林中……

与此同时，环保部门召开了一系列秘密听证会，原来这一切都和树林里的烂泥巴有关，三个孩子无意中发现了一个惊天秘密……

图二 《烂泥怪》故事梗概

烂泥怪呀烂泥怪，你到底长什么模样？好吧，让我们来见一见“长毛的泥巴”。带着好奇心，读完了描写泥巴的文字，同学们更肯定这烂泥怪有毒了。

整堂课犹如一场悬疑电影，学生的情绪随之跌宕起伏。这样的猜测导读，不但激发了学生的阅读兴趣，还让他们初步感受到了作品的魅力。接下来，我让孩子们来猜想烂泥怪的模样，述说心中感想，并让他们将这一切在作业纸上展示出来。于是，孩子们个个奋笔疾书，不到二十分钟，一篇篇充满神奇想象的作品诞生了！

这样的猜想让整本书阅读成为一种“诱惑”。

二、花样朗读：用声音再现魔力

“你或许拥有无数的财富，一箱箱的珠宝与一柜柜的黄金。但你永远不会比我富有——我有一位读书给我听的妈妈。”这是吉姆·崔利斯在《朗读手册》的扉页上写的几行诗,诠释着朗读的重要性。于是,当我们拿到《烂泥怪》后,我就开展了一系列的活动,让孩子们用各种形式大声朗读。

1. 微信共读,取长补短

自媒体时代,人人都是主播。我让孩子们下载了App“荔枝FM”,每天将录好的内容上传至班级微信群。刚开始,我对同学们的录音一一给予评价,肯定了他们的优点,委婉地指出了不足。当自己的声音在更广阔的空间里传播,得到点赞和评价时,孩子们的朗读热情被点燃了,对朗读品质也有了更高的追求。他们的朗读越来越自信从容,有的还会巧妙地选用一些背景音乐,俨然是一个资深主播。

后来,我让同学们轮流当小评委,他们有的用文字点评,有的用语音点评,点评得有模有样。孩子们的朗读也感染了家长。有的妈妈看着微信群里的播客,心痒痒了,也录了一段,上传到微信群。亲子共读是最温馨的画面。

2. 书声琅琅,情有独钟

央视的《朗读者》一时成了热播节目。我们也不甘落后,在班级里当一回“朗读者”。讲台上,孩子们选择自己喜欢的段落,大声地朗读出来。郭梦喜,这个成绩有点靠后的女生,自从遇见《烂泥怪》后,每次有《烂泥怪》的活动,总能见到她积极的身影。还有内向、腼腆的吕俊毅,平常上课很少举手的他,这次也大胆地走上讲台,大声地朗读了。看来,朗读可以培养一个孩子的阅读品质。

三、深度研读:让阅读充满惊喜

孟子曰:“心之官则思,思则得之,不思则不得也。”阅读需要静静的思考,通过思考,就可以获得真知,就会在阅读中有所发现。只有学生自己发现问题,才有可能点燃学生的阅读激情，激发学生的阅读兴趣。

在自由读完《烂泥怪》后，我和孩子们对整本书作了深度交流。我让他们来谈谈自己发现了什么，产生了什么疑问。

陈宣吟说："文中的三个孩子塔玛亚、马修、查德都发生了改变。"姚锦怡说："文中的'数字算式'隐藏着秘密。这些算式是'节能小子'的翻倍，每过三十六分钟，'节能小子'的数量就会成倍增加。"戴雨彤说："伍德中学有'十大品德'，他们学校的教育宗旨之一就是教出品学兼优的学生……"

我想，孩子们已经感受到发现的美妙。发现，永远是阅读最美的姿态。

交流后，学生又有了新的问题。于是，他们四人一小组，将问题整合如下：

为什么最后一个算式没有答案？

为什么后面要写"迟交的作业"？是什么意思？

文中没有出现烂泥怪，作者为什么要用《烂泥怪》作为题目？

有了新的问题，孩子们又重返书本，开始重新思考，寻求答案。

有的说："最后一个算式没有答案，说明'节能小子'都死光了，灾难解除了。"

有的说："'迟交的作业'是塔玛亚写的，说明她回到了校园。"

有的说："题目用《烂泥怪》好，能吸引读者的眼球。虽然书中讲的是一堆烂泥，并无怪兽，可是我觉得这也是一只无形的怪兽，就像真正的怪兽一样可怕，威胁着人类。"

……

那段时间，教室里特安静，孩子们一有空便拿出书本认真研究，或是小组讨论，或是独自探索。

无论是下课，还是在路上，都会有学生拉住我，跟我说他发现了什么，抑或又有了新的问题。梁宇涛说："陈老师，我发现自己越来越喜欢《烂泥怪》了！这本书真的很好看！"阅读就是发现。发现，真好！

四、创意读写：激活儿童创造潜能

4月29日晚7:30，孩子们和家长们如约候在微信群里，开始了“百班千人”的导师共读活动。

直播在“百班千人”主群进行，我们班级群里的声音，是通过机器人转播的。

当陈铮导师和马来西亚的郭史光宏导师一亮相，孩子们都兴奋得鼓掌、问好，好似过年般热闹。

共读活动开始了，光宏导师清脆的声音响起，他用一种开放、思辨的方式把孩子们引导到了阅读主角的位置。孩子们不但更深入地了解了小说中人物的成长、环保的议题、霸凌的现象、独特的写法，而且知道了读一本书先得走进去，之后还得走出来。

导师解读后，是自由交流时间。孩子们将自己读书时产生的疑问递交给导师，导师一一回复。小小微信群，能量无限大，听到不同地域的孩子的思考，我们的思维更开阔了。

最后，导师给大家布置了四个创意写作的话题：

1. 冬天过后，当积雪全部融化，变种的“节能小子”真的都死光了吗？发挥想象力，为《烂泥怪》续写故事。

2. 写信给小说中的一个主角，把你的心里话告诉他/她。

3. 写信给国家科学院，劝请科学家们停止或继续研发新能源，说清楚你的理由。

4. 发展科技VS保护环境，哪个优先？写一份辩论赛发言稿。

这几个话题的想象空间无限宽广。孩子们热情高涨，周一回校便将作业上交给我了。

翻阅着孩子们的习作，我感叹：读一本好书就是和一个高尚的人谈话。深入阅读一本书后，书中的人物就活了。杨可欣写信给塔玛亚，述说着自己的胆小懦弱，烦恼如汩汩流水倾泻而出，深深地触动了我。梁宇涛写信给科学院，理例结合，言语恳切，呼吁科学家们以保护环境为重。邱熠那充满创意的想象加上他细腻的文笔，把我们又带到了充满惊险的二次危机中。还有好多同学脑洞大开，作文洋洋洒洒，倾吐着心中的所思所想。

创意读写，把每一个孩子的创造潜能都激发出来了！

五、同类比读：掌握常用阅读策略

著名教育家乌申斯基认为，比较是一切理解和思维的基础，我们正是通过比较来认识世界的。比较，也是非常重要的一种阅读策略。

《洞》是萨奇尔的另一本书，是迄今为止唯一一部同时获得美国纽伯瑞金奖和国家图书奖的儿童文学作品。这本书也充满了想象力，描述了一场波澜起伏、引人入胜的大冒险。《烂泥怪》和《洞》这两本书在构思、写法上有诸多相同之处。于是，在读完《烂泥怪》和《洞》后，我让学生找一找两本书的相同点与不同点。学生们先自己找，在本子上记录下来，再以小组形式讨论、整合观点，最后在班里交流。

孩子们从故事发生的地点、人物的改变、小说的语言、写作手法，甚至从封面、故事开头等方面进行了比较。他们多角度、多方面的理解与思考让我感到惊喜。

挑选一张学习单来看看对比的内容(如表1)。

表1 《烂泥怪》与《洞》的文本比较

项目	《烂泥怪》	《洞》
人物	较少	较多
封面	幽蓝神秘，让人产生无限遐想	简单朴素

续 表

项目	《烂泥怪》	《洞》
改变方式	主人公经历灾难后改变自己	通过特殊教育方法——挖洞改变自己
体裁	章回体兼日记体	章回体
地点	校园里	训练营里
相同点	故事构思巧妙，情节一波三折；主人公经历了磨难，最终改变了自己的命运；书中有坏孩子，但最终通过自己的努力与同伴的帮助成了好孩子；内容以双线贯穿的形式呈现。	

带着学生在共读中思考、创写，阅读就变得庄严而美好。风景，这边“读”好！

这次的活动虽暂时告一个段落，但是留给孩子们的思考却不曾停止。他们都说现在越来越喜爱看书了，他们深切地感受到阅读就是一场美妙的旅行。

这次的活动也让我明白了共读的意义，比起以往蜻蜓点水式的课外阅读指导，这种方式更深入、更透彻。我明白了阅读整本书时该如何激发孩子的兴趣，明白了阅读策略的重要性，明白了阅读还可以与家长一起，甚至可以与远在千里的小伙伴一起。共读，才能共成长！

5 月 20 日，喜讯传来。我们班在此次活动中获得了全国“百班千人”读写活动集体二等奖，邱熠同学获得了创意写作三等奖，孩子们欣喜若狂。我们约定，下期“百班千人”继续前行。感谢“百班千人”，感谢张祖庆等导师们，为我们搭建了如此好的学习平台，让更多的孩子爱上阅读、享受阅读，让他们体验到阅读就像呼吸一样自然。

（陈柳娇　浙江省台州市天台外国语学校　语文教师　教龄 18 年）

15. 深度阅读与教学改进

2017年是上海“3+3”高考模式试行的元年，新高考背景下“选3”科目的教学与原“3+1”模式的教学相比，呈现出许多不同特点，更遇到不少困难。实行走班教学，教师在课堂之外如何发挥作用？“选3”科目课时紧缺，怎么保证教学质量？许多学生不愿意在“选3”科目上投入过多，怎么办？回想起这些年来自己的教改和成长经历，从教育书籍中寻找答案和办法，是一条基本经验。深度阅读，即阅读+反思+实践，是提升教师专业能力的必由之路。

一、让课前预习动起来

乔纳森·伯格曼、亚伦·萨姆的《翻转课堂与慕课教学：一场正在到来的教育变革》一书给了我很大启发。书中介绍了一种新的教学方式，即用制作视频的方式来帮助学生学习。学生在课前通过视频学习，在课堂上通过讨论来澄清问题，通过做实验来探索现象或者验证猜想，通过完成作业来检验学习成效。这种教学方式将课堂的注意力从教师转移到学生和学习上，对于每一个知识点，教师都非常清楚学生学到什么程度算是掌握了，并能借助一套作业题来判断和反馈，以便及时调整。

由于“选 3”科目的不利地位，学生们不可能把大块学习时间用在物理上，我决定把微课应用到“预习”这一环节中，让学生利用碎片化的时间，进行重、难点突破学习。在授课的前一天，立足于学情、教情、考情制作微课，发在班级物理学习微信群中。微课制作时尽量把文字、图片、思维导图、音频、视频进行整合，让学生感觉到这是一场视觉和听觉的盛宴，力求把学生带进物理学习的“场”中，促使其主动积极地学习。视频讲解力求简练、精准、易懂，学生也可在微信群中随时向老师提出问题，与同学进行讨论。这样的学习突破了时间和空间的限制，推动了移动学习的发展，提高了学生预习的兴趣，将预习落到了实处。

二、让师生互动更高效

道格・莱莫夫在《教无不胜：卓越教师的 49 个秘诀》中，总结了五种比较重要的教学技巧，其中最重要的是“杜绝退出”。教师在课堂上提问的时候，经常会遇到不愿意作答的学生，“我不知道”是这些学生的口头禅。一些教师由于赶教学进度，往往不再继续追问，而是另选一个愿意配合自己的学生来回答，这让那些想逃避教师提问的学生找到了躲藏的空间。“杜绝退出”的目标就是要把“我不知道”这句话驱逐出课堂，让每个学生始终保持注意力，无法逃避提问。

评价课堂是否高效的两个最核心的标准，是学生参与的主动性和学生思维的深刻性。为了实现“杜绝退出”，我采取了以“问题解决”为主线，“学生先行、呈现交流、教师断后”的教学模式。在课前的微课预习中有意识地收集一些典型的问题，改换成新颖的背景，或者改变问法、思维方向等，课上让学生先行思考。在“呈现交流”时，让学生通过语言描述、上台板书讲解、投影展示等不同方式来呈现思考的结果。

当某个学生说“我不知道”、“我不会”，试图躲避时，我会问一些有利于这个问题解决的铺垫性问题；当学生在引导下显现正确思路时，我会及时表扬“有进步”；当学生表述了精彩的思考成果时，我会激励他“想法不错，有创意”；当学生的思维进入更深层次的问题时，我会赞赏他“思维越来越有深度了”。总之，不回答出正确答案永远没完，让“我不知道”无法“得逞”，让“我不知道”的机会主义“滚出”课堂。通过一段时间的磨砺，学生们体会到成功的快乐，激发了内在的自豪感和成就感，课堂上已听不到“我不知道”，而代之以交流、分享、讨论，形成了有效的师生互动、生生互动。

三、让课堂教学更有趣

戴夫·伯格斯《教学需要打破常规：全世界最受欢迎的创意教学法》一书，介绍了一个个让课堂充满众多令人惊讶的奇思妙想、让学生着迷于教师讲课之中的教学“钩子”，把课堂变成了学习的盛典礼堂。通过深度阅读，我在进行教学设计时，会反复地思考：这节课采用哪种教学“钩子”来吸引学生，让课堂高效、生动、有趣？

有一种教学“钩子”叫“让学生动起来”，我在上“机械波的传播”一课时，让学生排成一排，互相勾肩搭背产生“人浪”。利用这个情景，学生观察、参与的兴趣被充分地调动起来，轻松地化解了“质点振动和波的传播的关系”这一难点。

利用“制造一个引人入胜的故事”这一教学钩子，在“光的本性”这一章教学中，对于牛顿的“微粒说”和惠更斯的“波动说”以及光的本性，我以微博上两大明星的争论及双方粉丝的“骂战”为背景故事，并以“辩论＋实验”相结合的方式，向学生形象地展示了一部跌宕起伏的物理学发展史，激发了学生的学习热情，提高了课堂上的教学效率。

四、让情境设计更科学

志馨物理教师工作室编著的《高中物理教学情境设计》一书，详细介绍了物理教学情境的主要作用，其中对我而言最有指导和借鉴作用的是物理教学情境的六种类型：实体情境、故事情境、问题情境、实验情境、模拟情境和暗含情境，以及每一类型设计的原则和方法。在此理论指导下，我精心研究了高中物理的每一节教学内容，分别设计了课题导入时别具一格的教学情境。这一系列精心设计，使学生进入课堂时就像在欣赏一部优秀的科幻电影：一个扣人心弦的故事，以开端、发展、高潮、结尾几部分逐次展开情节，形成探究的过程。

我对教学实践最深的体会是：成功的“物理情境设计”要体现一个“新”字，要将学生置于“心求通而未得”的愤悱之境，要起到“从旁指点桃源路，引得渔郎来问津”的效果，要能激起学生的深度参与，要使目标达成如“嫁与春风不用媒”一般自然。

从教这么多年，最大的痛苦莫过于在课堂上没有达到自己所设定的教育教学预期目标。典型的情况就是我绞尽脑汁、费尽心思、用尽办法，却没有让学生某方面的缺陷或不足得到改变。有时我会因此变得烦躁不安，从而影响生活的质量和工作的热情。通过阅读大量的教育名著，我能够不断地克服困难，解决问题，促进自身的专业成长。深度阅读——阅读＋反思＋实践，让我的视野更加开阔，教学更具智慧，精神更加充实和快乐。

（李兴美　上海外国语大学附属大境中学　物理教师　教龄 28 年）

16. 活学活用心理学

我园是上海市的一所区级示范幼儿园，共分3个部。我部现有15个班级，31名教师。其中从教1—3年的新教师6人，4—10年的成长型教师8人，11—20年的成熟型教师8人，20年以上的经验型教师9人。可以看出，我们团队中成熟型和经验型教师约占总人数的55%，层级梯队分布比较合理。尽管如此，我作为部的大教研组长，却深切感受到开展有效教研活动的困难，原因就在于这样一支纯女性的教研团队，在认识和分析事物时往往过于感性，研究问题时容易关注表象，依赖已有经验。所以，我特别希望能带领大家走一条客观思考、理性研究、长效收获的教研之路。

为解决这个涉及人的思维特点和研究方式的教研难题，我在导师建议下尝试阅读一些相关的教育心理学书籍。其中《教师不可不知的心理学》这本书，大大开拓了我的眼界和思路，带给我很多开展教研工作的新思路和新方法。

本学期我们教研组的研讨重点是音乐欣赏活动的设计与实施。一开始，我们选定蒙古族马头琴版《赛马》为音乐素材，想设计实施一个中班音乐欣赏活动。这期间，我借助《教师不可不知的心理学》一书，将其中翔实分析过的三个教育心理学效应运用于教研活动的三个不同过程，收到了出乎意料的良好效果。

一、木桶效应：第一次亲密接触《赛马》

面对音乐素材《赛马》，老师们的想法层出不穷，但随之而来的迷茫和困惑也让研讨一度陷入僵局（见表 1）。

表 1　对《赛马》乐曲的初步感受

<table>
<tr><th></th><th>感性的理解</th><th>感性的迷茫</th></tr>
<tr><td>素材解析</td><td>音乐欢快、好听。
有很鲜明的蒙古族特色，很值得给孩子们欣赏。
我们可以让孩子们跟着音乐打节奏，感受乐曲的欢快。
这首乐曲有马头琴版、二胡版，元素丰富。</td><td rowspan="3">● 说不清楚好听在哪里。
● 搞不清楚这首《赛马》基本的音乐元素和音乐主题。
● 到底把欣赏点落在哪里？
● 在中班试教时，孩子们为什么一点都不兴奋？</td></tr>
<tr><td>年龄段</td><td>音乐蛮简单的，中班孩子肯定喜欢。
好像这个乐曲大班孩子更容易理解。</td></tr>
<tr><td>目标</td><td>感受和欣赏蒙古族音乐的特色。
理解和想象乐曲中的音乐内容。
认识二胡这种民族乐器。</td></tr>
</table>

每个老师对乐曲的理解都不同，搜集来的资料五花八门。第一次试教时，孩子们打哈欠、开小差的表现让老师们感到困惑和迷茫。教研组几经商量，分析了急需解决的几大难题，决定作一些调整和改进。

《教师不可不知的心理学》一书提到过“木桶效应”。书中告诉我们，盛水的木桶是由许多块木板箍成的，盛水量也是由这些木板共同决定的。若其中一块木板很短，那么木桶的盛水量就被短板所限制。这块短板就成了这个木桶盛水量的"限制因素"(或称"短板效应")。这种效应往往在团队建设中体现明显，因此书中建议无论是班级建设或是教师团队建设，都必须关注团队中最薄弱的因素。这些因素的完善，会加快整个团队的工作进程，并提升成效。我们受到启发，于是运用该原理做了一件事：修木桶(见表2)。

表2　教学改进的理性思考

理性的思考	理性的方法	理性的改变
寻找产生问题的短板： ● 教师本身音乐素养缺乏，需要学习更多音乐知识。 ● 拍脑袋凭经验作出判断。 ● 权威过于集中。	邀请外援(音乐学院老师)参与教研：学习音乐知识，提高分析、理解音乐素材的能力，并积累经验。	把握《赛马》乐曲中最吸引孩子的两个音乐元素。
	直观比较(中、大班同时试教，分析效果和原因)：摆脱以自我经验为主导的经验模式，用事实来说话。	决定在大班进行此活动。
	延迟判断(由年轻教师、经验型教师上出N多版本的《赛马》)：给不同层级教师实践想法的机会，灵感也许不期而至。	音乐欣赏还是从音乐入手，不能盲目迎合孩子的兴趣。

教研组的启示：《赛马》这个活动设计之初，大家对乐曲的感性认识林林总总，却不得其法。回归理性思考后，我们开始寻找教研的短板所在：(1)教师本身音乐素养缺乏，需要学习更多的音乐知识；(2)拍脑袋凭经验作出判断；(3)权威过于集中。因此，我们需要主动将"短板"加长，将弱项加以完善。教研团队就好比一个木桶，各个教师就是一块块木板。教研组需要找到团队的共性短板在哪里，而老师也需要找到自己的个体不足是什么，然后尽可能去提高和弥补，才能使每个个体的专业成长和整个团队的研究质量有所突破。

二、二八效应:《赛马》的资源分配

初步确定《赛马》教学的年龄段和欣赏点之后,教研活动进入了“精雕细琢”的阶段。我们一共经历了六次试教,两次说课。《赛马》让我们每个人都成了“战马”,根本停不下来。

这是一个痛并快乐着的过程。推翻需要足够的底气,重来更需要莫大的勇气。教师们的坚持固然可贵,但如何在单位时间内尽可能提高研讨的效率,发挥团队中每个人的特长和优势,则更考验我们的智慧。由此,又一个教育心理学效应成为我们参考的依据。

“二八效应”也叫巴莱多定律,是19世纪末20世纪初意大利经济学家巴莱多提出的。他认为,在任何事物中,最重要的、起决定性作用的因素只占一小部分,约20%;其余80%尽管是多数,却是次要的、非决定性的。我们据此确定了教研活动时间的分配比例(见表3)。

表3 教研活动时间的分配比例

<table>
<tr><th>全体活动时间占80%</th><th>分组活动时间占20%</th></tr>
<tr><td>六次试教和两次说课</td><td rowspan="2">教案编写组(活动框架与教师预设部分的总体设计)
经验储备组(孩子经验与表现方式的积累准备)
环境创设组(欣赏意境与孩子表达表现的材料设计)
课件制作组(教学重点和难点的辅助准备)</td></tr>
<tr><td>六次研讨</td></tr>
</table>

教研组的启示:整个研讨过程,我们一直采用这种二八分合互补的方式。80%的时间用于共同试教和集体反思,20%的时间则用于分头作准备。因为,人的专长可能很多,但真正发挥作用的很少。所以,教研团队要善于掌握研讨的价值是什么,要发挥每个人的优势,集中时间和精力,抓关键的人、关键的环节、关键

的岗位和关键的项目。二八效应提醒我们，要关注资源的合理分配和使用，追求教研效益的最大化。

三、蝴蝶效应：马不停蹄的收获

20世纪70年代，美国麻省理工学院教授洛伦兹发现了微小变化引起的巨大反应。他用一个形象的比喻来表达这个发现：一只小小的蝴蝶在巴西上空振动翅膀，则可能一个月后引起美国得克萨斯州的一场风暴——这就是著名的“蝴蝶效应”。

《赛马》教学设计的前后变化也是如此。我们发现，一个短短的提问，一个简单的场景，或者几分钟的小视频，虽然只做了小小的改变，却对整个活动目标的达成，乃至对孩子整体欣赏作品的效果，都产生了像蝴蝶效应一样牵一发而动全身的影响(见表4)。

表4 《赛马》音乐欣赏活动的教学设计

改进前	改进后	教学目标与效果
欣赏点：教师预设小马春丽的故事为欣赏线索串联活动。	从幼儿感受到的音乐中最特别、最有趣的地方入手(马的嘶鸣、拨弦乐段)。	从孩子认知和兴趣角度出发的预设，更关注幼儿的欣赏特点，关注音乐本身的欣赏元素。
场景：拼凑的蒙古草原场景。	环境中三层立体错落的草原背景，可操作的皮影马。	让场景、音乐、孩子三者紧密结合起来，使孩子置身于场景之中，对《赛马》的音乐产生画面感。
提问：谁能试着用其他的乐器来表现跳跃的节奏？	提问：如果用不发出声音的材料，能不能表达两段音乐的不同呢？	在乐器、肢体语言之外，拓展更多表达自己对音乐的感受和理解的通道。
视频：二胡演奏的视频。	将不同乐器、不同场合、不同演奏家演奏《赛马》的视频剪辑合成。	体现各国人民对这首乐曲的喜爱。同时，提升孩子对音乐的感受和欣赏能力。

教研组的启示：在《赛马》反复试教、反思、调整的过程中，老师们经历着自我的挑战，面对不尽如人意的试教，老师们选择的是坚持。而就在坚持的过程中，老师们逐步建立起局部与整体、细节与目标的思维链接。老师们明白了，一次又一次的“精雕细琢”，正是为了把握全局、达成目标所必须付出的努力。

上述三个阶段是我们教研团队一路走过的痕迹，而运用三个教育心理学效应指导教学实践，则是我们理论联系实际的大胆尝试。每一次的研讨，我们从“望尽天涯路”的迷茫开始，历经“消得人憔悴”的坚持，最终“蓦然回首”终有所悟。理论学习给我们带来了方法和力量，让我们这样一群女教师在保持自己的感性和热情的同时，更加理性和踏实，在教研之路上走得更稳健、更长远。

（罗　轶　上海市浦东新区金囡幼儿园　幼儿教师　19 年教龄）

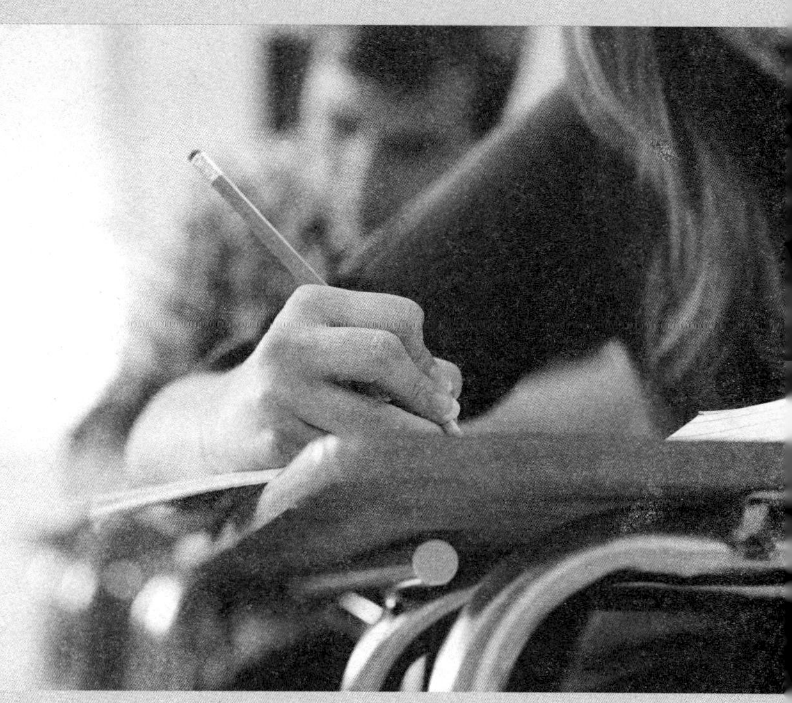

体验

第四章
好读书更上层楼

我认为一个人发现他最爱好的作家，乃是他的知识发展上最重要的事情。世间确有一些人的心灵是类似的，一个人必须在古今的作家中，寻找一个心灵和他相似的作家。他只有这样才能够获得读书的真益处。

——林语堂 《读书的艺术》

17. 点亮精神的后花园

自从人类创造了文字，拥有了书籍，阅读便有了专门的意义。在当今终身学习的时代，阅读成了人们不断审视并提升精神内核的有效途径。作为人类文明的传承者，教师自当成为阅读的力行者和引领者。从本科就读汉语言文学专业到硕士攻读比较文学专业，再到成为一名中学语文教师，阅读成了我成长路上的助推器，也使我深切地感受到了其中的魅力和乐趣。

一、约读：百般红紫共芳菲

作为一名青年教师，我深感自己的幸运。进入任教学校后，我结识了一批志同道合的朋友，虽然大家任教学科不同，年龄有异，但彼此心中都萌发着读书的种子。不久，一个教师“约读吧”就开张了。

所谓“约读”，即相约而读。室不在大，有书就行。在一间不足 30 平方米的房间里，四周全是书架，中间是 4 张桌子拼凑起来的阅读场所。虽略显简陋，却是“种子们”的精神后花园。在这里，没有所谓的“官腔”，更没有话语霸权，有的只是民主的氛围、知音的对话、思维的激撞、心灵的成长。

每周，我们都会乐而相约。或畅谈近段时间所读书刊，交流彼此的阅读心得；或各自准备，自定主题，来一场与阅读相关的主题报告；抑或是共读一书，将感受诉诸笔端，写作分享。总之，形式多样而不拘一格。

我们开展过一期“我读《新民说》”主题沙龙活动，“种子们”畅谈了自己阅读《新民说》的感想，大家达成了“欲新民，先新我”的共识。我们也会畅谈关于“人生的境界”的话题，从尼采的“三境”到冯友兰的“四境”，这之中，亦有老师结合自身阅读提及人的草木情怀、土地情怀。正是通过教师阅读的“共同体”，我们以团队的形式互相促进，提升了每位成员的阅读素养。于我而言，相互间的鼓励，总在我懈怠时产生无形的压力，使我由一个阅读懒惰者成长为一个拥有自觉阅读意识的个体，“约读”大有裨益。

受此启发，我也将约读的形式移植到课堂，致力于师生共读的探索，开展了“班级泛读活动”，打造“书香班级”。首先，建立班级书柜，藏书不少于 200 册，由大家共享。书的来源不限，可以是学校藏书，也可以是学生藏书。其次，鼓励每位同学有自己的小书巢，个人藏书不少于 100 册；要有家庭图书室（书房），让学生有一个真正用来阅读的地方。第三，要求每位同学每月泛读图书不少于 2 册。最后，要求每位同学都能养成良好的阅读习惯，掌握科学的阅读方法。

每周，我都会组织开展阅读课。在阅读时，我和学生均备有阅读小本，用于记录阅读中的感悟，并不定期地在班中展示。每月，班级都会开展两次阅读交流会，形式包含交流评论（利用“头脑风暴”、“我是小老师”等形式，交流自己的阅读方法，对书中的人物等进行点评），辩论赛（对书本中所提到的相关论点展开辩论，提升阅读效果），表演展示（根据所读书目的特点，进行表演展示，例如对于诗集，可开展诵读比赛)等。

师生约读,唤醒了孩子们潜在的阅读兴趣,也使教师更好地了解学生的阅读兴趣点、盲点和障碍点,提高了指导的针对性和有效性。

我还进行了亲子约读的尝试。例如教授《散步》一课时,我组织学生与家长共同阅读该文,并让他们在阅读后以书信的形式交流感受。因为《散步》是一篇贴近学生生活的亲情文章,亲子约读的方式使学生更深切地体会到了父母的爱,拉近了青春期孩子与父母的距离。

二、悦读:好之不如乐之

阅读虽是一件费脑力的活动,可是又能产生愉快的情感体验。正如孔子所言:"知之者不如好之者,好之者不如乐之者。"古往今来,不乏嗜书成痴之人,王羲之蘸墨而餐,陶渊明欣然忘食,顾炎武手不释卷。以书为友,因读而乐,成了读书的最大享受和最高境界。

我的阅读生活也经历了由被动到主动的过程。教师工作是繁杂的,刚踏上岗位时,我整日忙碌于琐碎的日常教学工作。即使选定了书目、制订了阅读计划,也常常处于被动执行的状态。直到在书中遇到了一位知音、一位挚友——王栋生(笔名吴非)先生,我才真正体会到了读书带来的快乐。当阅读书架上那独特而极具个性的题目——《不跪着教书》(吴非著)映入眼帘时,我的心被深深地震撼了。隔着文字的距离,与之畅谈,顿觉眼前阳光明媚,思路豁然开朗,一扫心灵之阴霾。

对于刚出象牙塔的师范生,当理想与现实碰撞时,往往因无所适从而慌了阵脚、乱了方寸。是啊,当来自社会、学校、家庭的多方压力向你倾压而来时,当体制与规条束缚你的心灵让你看不清前路时,对一个初上岗位的稚嫩教师而言,最重要的并不是教会他如何站稳讲台,而是如何适应。当然,适应并不是简单的妥协。

吴非先生是勇敢的，他有着清醒的批判意识和敏锐的思维，而这一点，恰恰可能是我们新教师所缺乏的。作为一位极具思想与个性的教育前辈，他用激昂而深刻的文字针砭时弊，提出教育中的种种弊端；同时，他又深感教育者的责任，告诉我们应以爱和善良感染学生，要做一个优秀的老师，首先要做一个有教学个性的教师。

书看完了，我豁然开朗！书中的很多思想让我感到醍醐灌顶，吴非提出的“不跪着教书”的观点振聋发聩，已成为我坚定的教育信念。

我想，这种从阅读中所获得的畅快淋漓的感受，非亲身经历者实难体会。吴非成了我最初教育路上的引领者，为我开启了一扇教育思想的大门，我也由此真正体会到了悦读的魅力、悦读的力量。

有人说，教师如同蜡烛，燃烧自己，照亮他人。如果一定要说燃烧，那么这燃烧不仅仅是为了照亮，也绝非一种消耗。教师通过阅读丰富自己的精神世界，他就拥有了永不枯竭的燃烧的能量，只有这样的燃烧才能发出夺目的光芒。

三、越读：吹尽黄沙始到金

所谓越读，即通过阅读超越昨天的旧我，成就今天的新我。人的一生都处于成长之中，人的成长除了自悟自得，也离不开人类经验尤其是圣人大师智慧的引导与点拨。所以说，书籍是人类进步的阶梯，是人类修养身心的精神食粮，也是人类生活的终身伴侣。

正所谓“博观而约取，厚积而薄发”。随着阅读的不断深入及阅读范围的逐渐扩展，阅读对我的专业发展产生了深远的影响。

首先，阅读提升了我对教师职业的认同感，并使我树立了正确的教育理念。在阅读的过程中，我接触到叶圣陶、吕叔湘、张志公等教育家对语文的论述，让我更清楚“教育是什么”和“语文是什么”。而通过阅读苏霍姆林斯基的《给教师的一百条建议》、《怎样培养真正的人》等书，我深切感受到作为教师的责任，想要成为一个热爱孩子、关心孩子并相信孩子的老师，心存博爱，永不言弃。

其次，广泛的阅读扩展了我的知识架构，加深了我对教材内容的理解，使我摆脱教材或教参的束缚，可以自由地从多维度、宽视野中找到最佳切入点，从而令一堂语文课更丰满、更有深度。

阅读促教学，对教师而言，阅读即是最好的备课。记得有一年，我要在极短的时间内准备一堂《孤独之旅》的品质课去市里参赛。这是九年级的一篇课文，这么长的小说要在一节课里完成教学，难度极大。在一遍遍地细读文本后，我发现，《孤独之旅》蕴藏着丰厚的文本价值，也让我回忆起了熟悉的曹文轩的“味道”。记得多年前，我读过曹文轩的纯美小说《草房子》，对他的文字印象深刻。后来，接触了他的其他作品，如《思维论》、《小说门》等，对他更是钦佩。于是，他在新浪的博客——“麦田”便成了我常留意之处，我也成了他的“小小麦子”。幸得平日有阅读的习惯，于是我结合曹文轩的一系列作品，同时借鉴李镇西老师“读出自己，读出问题”的教学方式(《听李镇西老师讲课》)，进行了教学设计。我以“我的孤独是一座花园”为切入点，将孤独与成长对接，引导孩子们明白“世界让我遍体鳞伤，但伤口长出的却是翅膀”这一真理，让孩子们感悟到曹文轩的文章读起来很美，他所描写的童年生活虽然有悲伤和苦痛，但更有成长和希望，为孩子们树立了面对艰难生活时的榜样。这堂课收到了良好的教学效果。

再次，“阅读——反思——实践”的循环模式提升了我教书育人的实践能力。初当班主任，各种扰人的问题接踵而来，反思过后，我决定向书籍寻求帮助。魏书生的《班主任工作漫谈》、李镇西的《做最好的班主任》等书籍为我如何成为一名优秀的班主任提供了思想和行动上的指南。而在课堂教学方面，通过阅读、反思的交替，我充分调动自己的能动性，不断向外寻找，主动扩展阅读范围。从特级教师

（钱梦龙、于漪、余映潮、黄厚江等）的课例到教育理论（结构主义、生本教育、信息论等），通过比较、模仿、改进，我优化了处理教育教学问题的方式。

阅读对于教师的专业成长意义重大，正如特级教师华应龙自我调侃时所说的：通过阅读，他“偷来了技巧，偷来了观点，偷来了方法，偷来了思想，偷来了习惯，也偷来了自己的进步”（《我就是数学——华应龙教育随笔》）。阅读已然成为越来越多教师生活方式的有机构成，所谓“阅”者，从门从兑，于门下静心而读，愉悦而读，如此持之以恒，方能实现自我人生的越级而上。

阅读，就是给我们的精神后花园点灯。与书相伴，不断成长，愿每位师者都成为这前行队伍中的一员。

（俞　莹　浙江省诸暨市浣纱初级中学　语文教师　教龄5年）

18. 沐浴书香，一路成长

书籍，如一颗颗璀璨明珠，在知识的太空里散发着独特的光辉。读书，是一次次心灵旅行，让我们沉迷其中、流连忘返。形形色色的书籍，总能让我们感受到生命的丰富与精彩，体悟到不同作者的心灵感受，进而产生共鸣，影响着自己的人生。而我的读书生活，可以用陆游的“纸上得来终觉浅，绝知此事要躬行”这句诗来概括。因为读书，我懂得了教育的真谛；在践行中，我的能力得到了提升。

一、初识——纸上的梦

忆及往昔，万千滋味涌上心头；展望明朝，多少期待变为现实。我喜欢读书，不仅仅是因为“书籍是人类进步的阶梯”，更因为“读书，是与灵魂高尚的人进行对话”。说起对我影响最大的书籍，那就是朱永新的《新教育之梦：我的教育理想》，正是它，为我打下了教育之路的基础。

图一 《新教育之梦：我的教育理想》

记得学生时代，我经常对一些“闲杂书籍”颇有兴趣，仅仅在一些言情、励志或者心灵鸡汤类书籍中寻找丰富生命的营养，但并没有哪本书让我产生太大的感触。我曾经笑着对一位痴迷读书的朋友说：“尽信书不如无书，读书嘛，也就是随便翻翻作下了解，可不要变成书呆子哦。”我却没想到自己会差点变成了“书呆子”。

那时刚步入工作岗位，偶尔走入图书室，随便拿起书架上一本书翻翻，那就是《新教育之梦：我的教育理想》。对这个书名，我几乎是“嗤之以鼻”，认为这也就是“百年大计，教育为本”的另类解释罢了，谁又能真正地拥有并实现“教育之梦”呢，肯定又是一些空想空谈罢了。彼时的我之所以有这种想法，是因为正陷入教育实践的困惑中。我居然没想到，做教师除了备课、上课之外，还有那么多琐碎的事情：业务学习、班级管理也就罢了，还动不动搞什么迎接检查等活动，这些真的对教学实践有用吗？还不如多批改几份作业、与孩子多些交流来得更为有效吧。

我一边“胡思乱想”，一边随意翻阅着。可这一翻之下，却让我深深陷入。书中谈道：教育是神圣而崇高的，教育是育人的事业；教育的使命让人从无知走向睿智，从幼稚走向成熟；教育的最高境界是逐步形成自我教育的人格。这不正是对我此时“困惑心态”的最好回答吗？在教师这个看似“伟大”实则“平凡”的岗位上，我不正是要从幼稚走向成熟，实现“自我教育”吗？细细读来，书中关于理想的德、智、体、美、劳教育，关于理想的教师与学生的论述，都如此真实地刺激着我困惑不己的心灵。直至读到"营造书香校园、师生共写随笔、聆听窗外声音、熟练运用双语、创建数码校园、构筑理想课堂"这新教育实验六大行动,我的教育之梦似乎也被点燃了。

该书是关于整个教育方向的梦想与思考,更给予每个教育工作者以思想启迪。在"接地气、有智慧"的文字中,我慢慢理解了理论学习和教育实践之间相辅相成的关系,更明确了自己的教育目标,那就是:不管别人如何,努力提升自己,在自己的教育实践中实现"新教育之梦"。

二、相知——事必躬行

波尔克曾说,读书而不思考,等于吃饭而不消化。在明确了自己的教育目标之后,我就投入到了读书思考与教育践行的过程之中。这期间,我读的多为教育实践方面的书,希望自己从中汲取知识的营养,学习最实用的教育理论,以此来提升自己的专业化水平。其中《孩子们,你们好!》一书对我的教育工作起到了重要的作用。

图二 《孩子们,你们好!》

这是一本由苏联著名教育家阿莫纳什维利所著的"教育实践"书籍,其中介绍了他长期进行"没有分数"的教育实验的成果。作者主要描述了小学一年级的教育教学过程,这正是我当时所任教的年级。从书中对"开学第一天"、"学完识字课本”、“第122个学日”、“最后一个学日”等节点的经验介绍中，我发现了自己的不足及努力方向。阿莫纳什维利认为，“儿童是我的老师”，这虽然与我们所说的“教学相长”有异曲同工之处，但他更加明确真实地把自己向学生“学习”的过程呈现在书中。在“爱上儿童的叽叽喳喳声”、不介意小学生大声争论与喊叫的过程中，作者与学生的感情日益加深，而他的教育能力和学生的水平也得到了同步提升。

记得我初入学校时，孩子们也会在“回答对还是错”或“有7笔还是6笔”等简单问题的争论中大声嚷嚷，总是试图用声音压倒和自己意见相左的一方。而我则失望于孩子们的“肆无忌惮”，试图去改变他们的做法。可阿莫纳什维利却“不介意这种喊叫，装作检查自己答案，低声请学生们再检查自己的答案”，我忽然发现自己的做法是如此“成人化”。孩子们相比成人有着更重的好奇心、求胜心，而我在试图改变这种“喊叫”的同时，是不是把他们的好奇心、求胜心也进行了压制？如此在学习上受到“拘束”的学生，怎么能完全放松地投入到课堂学习中呢？

《孩子们，你们好！》让我懂得了俯下身子，站在孩子们的视角去考虑教育实践问题，不再“自以为是”地试图改变孩子，而是用自己对孩子们的真正的“喜欢”和“爱心”，陪他们共同探究各种问题的答案。当孩子们又一次为上台板演同学的生字大声喊着“对”、“错”时，我会微微一笑，假装思考地看着那个“足”字，对孩子们说道：“让我们再检查一下，到底他写得对不对呢？”他们也学着我的样子，用小手在空中慢慢数起了笔画：“竖、横折……”“老师，老师，他的第四笔竖，没有和上面的横接上！”一个小男孩骄傲地喊起来。“嗯，你真是太棒了，这么细微的地方你也看出来了！”我惊喜地冲他竖起大拇指。让孩子学会“和老师一样”检查，这种在低年级很难做到的事情，居然就这样取得了不错的成效。

我曾因“尽信书不如无书”而拒绝深入阅读，也因质疑“书上的内容都是编的”而轻视阅读，可当我真正阅读《孩子们，你们好！》，把书中的教育方法应用于实践时，才发现“事必躬行”的重要价值，从而不断得到“惊喜”和“意外收获”。相知，以《孩子们，你们好！》为起点；践行，从“爱上孩子的一切”开始，我的教育生涯就此进入新的征程。

三、目标——执着追梦

对于人生的思考，我从来没有间断过。从走出校园的那一刻起，我便立下“雄心壮志”：且不提赚多少钱，起码要成为一名优秀的教育工作者。对于这个目标，年轻气盛的我一直是有着强烈的自信心的。等到真正投入教育实践，开始日复一日的“备课、上课、批改作业”时，我便更多地思考各种具体的教学目标如何达成，而关于人生的方向，似乎就是一片迷茫。偶尔闲下来，我也会自我反思：难道我的一生就这样度过吗？然后告诉自己：你不再是爱做梦的学生了，没必要考虑这么多无聊的问题。于是思想回归到课本、课堂、学生上。这样的状态持续了很久，直到遇上《我的教学生涯——溉中华兮增国光》这本书。

图三 《我的教学生涯——溉中华兮增国光》

作者康华光老师在书中回忆了其从幼年、中年到老年的生活，字里行间透露出一种浓浓的“幸福感”。我试图寻找这“幸福感”的源头，发现作者似乎没有多少骄人的成就，也没有过人的光芒，有的只是基础学习、院系调整、历经各种困难的平凡经历。但就是这些经历，把一位教师在生活与工作变迁中的“真实情感”进行了表达。他的骄傲源于“考上岳云中学”、“在严谨的学风下成长”等青少年生活，更来自“历经红卫兵运动”、“重登讲台”等生活经历……源于生活，始于平凡，归于幸福，这就是作者充满“幸福感”的真正缘由啊。

对于刚步入社会、走上教师岗位的我而言，我的经历或者与作者所处的时代和生活背景并无多少相似之处，但我希望成为“优秀教育工作者”的目标，与他“求知与奉献”的人生目标是相同的。只不过他所积淀下的“幸福感”，是我“茫然而忙碌的工作状态”所不能比拟的。掩卷深思，我回味着自己教育实践中的点点滴滴，试图听到自己内心深处最真实的声音：是与这个经济腾飞的时代密切接轨，还是把自己定位为“不闻窗外事，只教圣贤书”的校园行者？我一边思考，一边再次回顾康老师的教学生涯，自己的思路和目标也逐渐清晰起来。

人的一生不一定要取得什么“丰功伟业”，也不一定要赢来多少“巨额财富”，只要我们与“幸福”和“成长”同在，此生足矣。我希望当自己到了回顾一生经历的年龄时，也能如康老师一般幸福地谈及“我的教学生涯”，也能让幸福如此盈满自己的心田。

四、前行——站在起点

培根说，读书使人成为完善的人。初次走上教师岗位的我，正是在阅读书籍的过程中，与一位位高尚的作者进行了跨越时空的“思想交流”；在与孩子们的教学相长中，与一颗颗天真且富有童趣的心灵进行着亲密无间的对话；在对教材与教学方法的探究与实践过程中，一步步寻找到自己的教育之路，那就是：站在自己特有的起点，把自己的“活力与热情”投入到对“教书育人”工作的思考与实践中，让自己不仅拥有“新教育之梦”，而且在“孩子们，你们好”中诠释自己对学生的“关心与爱意”，缔造自己最幸福的教育人生。

“纸上得来终觉浅，绝知此事要躬行。”站在起点的我，不禁又想起我们班的孩子们，思考怎样和他们共同走向远方。我应该如何帮助孩子们选择书籍？如何让家长支持孩子们进行有益的阅读？我合上看了一半的《给年轻班主任的建议》，遥望着窗外，陷入了深思：我要规划好每一个前进的脚步，继续阅读有益的书籍，与孩子们共同面对学习与生活中的问题，努力以最新颖有趣的方式为孩子们呈现每一节课……

（董晓敏　江苏省南京市六合区程桥镇竹程小学　数学教师　教龄5年）

19. 我的"深阅读"之旅

旅行和阅读，是个体与世界相遇的两种方式。不同的是，旅行是感官的释放与体验；而阅读，是心灵的相遇与交融。对于教师的阅读而言，其与作者的相遇不应仅停留在蜻蜓点水式的信息浏览上，而是要进入实质性的交流与融合的层面。教师应有更高的阅读期待与阅读诉求。我认为"教师阅读"的本质与意义更接近于"研究"，即在阅读的过程中不仅是感官在粗浅地"阅"——理解、消化文本之本意，更是大脑在深入地"读"——通过教师的思维活动和实践经验，结合所处的历史条件进行研究：质疑、反思、剖析、批判、实践，成为一名真正的思想者。教师的"深阅读"之旅，正是其专业成长之路。

一、阅读筑起教师教育观之基石

教育是一门研究人的艺术，而研究人的领域是多元的，如哲学、历史、宗教、艺术、心理学等。因此,基于多学科的综合思维,基于对教育理念之源头的追溯,才能形成稳固的生命观、儿童观与教育观。而在这众多书籍中,哲学与教育学名著对我影响最深。

第一次读到德国哲学家尼采的经典著作《查拉图斯特拉如是说》,我着实被尼采所描述的那个不断超越自己、拥有自由意志的人所感染。印象最深的是,尼采在书中描述了三种精神状态——骆驼、狮子和婴儿。骆驼是忍辱负重的奴隶;狮子勇敢地冲破奴役的枷锁获得精神自由,但缺乏独特的自我价值;而婴儿不仅是自由的,更创造了自己的原生价值,是个体生命状态的终极升华。个体的生命状态应是不断超越自己,实现从骆驼到狮子,继而向婴儿的升华。正如书中所言,孩子是纯洁,是遗忘,是一个新的开始,一个游戏,一个自转的车轮,一个肇始的运动,一个神圣的肯定。尼采对个体自由意志的肯定、对人生不断超越和创造状态的极力推崇也重塑着我对生命的基本认识:个体应有权利去自由选择、自己赋予生命独特的意义。

近年来,瑞吉欧教育体系因其从理念到实践一以贯之的儿童本位的教育理念闻名于世。在参与瑞吉欧教育培训时,或许因国情与文化的差异,我并没有找到以往培训中那种可以复制运用的教育模式,但是却被其儿童本位的教育观所吸引。瑞吉欧教育体系中的儿童形象是其核心价值——儿童是有能力的、坚强的、积极主动的。他们每天都在尝试理解某些事物,体会生命和活着的意义,他们是自己生活的创造者。

这与尼采的哲学思想何其相似!我以为,这也是将尼采哲学观应用于教育领域的一种尝试。经过基本的哲学思想的洗礼,或许我们在借鉴某种教育理念的时候,能够更容易认识它的本真而非单纯地模仿教育技巧。

《西尔斯育儿经》生动记录了儿童养育专家西尔斯和妻子玛莎养育八个孩子的经验,基本理念是以依附性养育为基础来进行教养,强调的是父母在孩子幼年时就要尽早地与其建立相互之间的亲密情感。这也是我阅读本书后印象最深刻的一点：依附性养育让我们在纷繁复杂的育儿技巧中回归最朴实的亲情联结，并以此来构筑亲子关系的基石。在解决任何育儿难题时，它都应成为所需遵循的第一原则。

一次与家长共同探讨何时断奶、怎样断奶的经历，使我对依附性养育方式有了新的感悟。这一天，培培爷爷说，培培都快两岁了，还没断奶，家里人很是着急。因为周围家庭的常规做法是让孩子在1岁左右断奶，有的甚至更早。这次课后，我查阅了相关的最新研究进展，了解到世界卫生组织（WHO）与联合国儿童基金会（UNICEF）均建议妈妈坚持哺乳24个月以上。我国营养学会妇幼分会也认为，根据中国宝宝身体和消化系统发育状况，2岁是宝宝最佳的断奶时间。这么说，从营养及卫生的角度看，培培还要吃奶是很正常的现象。那么，在儿童养育专家西尔斯眼中，断奶又有什么心理意义呢？我在书中也找到了相应的论述。西尔斯认为，正确的断奶方式是“在亲情依附中断奶”，即不过早地结束孩子的依附阶段，耐心等待孩子，在其自己愿意之前不过早断奶。这样，孩子将更有心理能量来应对下一阶段独立性的挑战。第二次早教时，我告诉培培爷爷培培现在仍在吃奶不仅是正常的，而且对其心理发展也有诸多益处。培培爷爷这才放心了。

二、阅读提升教师实践指导能力

早教具有“双对象”的特点：一是对孩子的游戏引导，二是对家长的早教指导。对家长而言，教师的专业性体现在科学教育观的指导上，而这在很大程度上源于教师对先进理念的主动理解、吸收与实践。

美国儿童心理学家阿诺德·格塞尔的《儿童生活的最初五年：学前儿童生活指南》一书，从心理学视角解密了孩子的诸多破坏性行为。书中提到，儿童在最初生活的五年，大部分的行为是反向学习，即先习得“错误的”、“倒过来的”物体操作方式，在一次次试误与探索中逐步掌握正确的方式。如，儿童总是先学会脱衣服，才会逐步学会穿衣服；喜欢把食物从嘴里拿出来，继而才对用勺进食感兴趣；在学会往垃圾桶里扔东西之前，总要先把垃圾桶里的东西一样样翻出来探个究竟。这其实都是儿童“反向学习”的一种体现。原来如此！之后我在指导快满 3 岁的丁丁玩小车时就碰到了这种情形。

这一天，丁丁想玩脚踏式小汽车，他打开车门，一屁股坐进去，按按喇叭，转转方向盘，可就是没法让小汽车动起来。“丁丁，向前开呀!”外婆催促道。丁丁的小脚开始移动，可是车子却不由自主地倒退起来了。“丁丁，你看人家的车子都在向前开，只有你在倒车!”外婆又叫道。可丁丁全然不理睬外婆，在倒车的过程中玩得不亦乐乎。外婆有点着急了:“这淘气孩子，就是不听话!”看到外婆这么心急，我随即安抚道:“其实这是孩子特有的反向学习规律的一种表现。孩子常常会先倒车，再逐步向前开。向后倒比较容易些，慢慢地，孩子在玩的过程中积累的经验多了，找到感觉了，再向前开车就不难了。”外婆这才舒展了眉头。

在古今中外的教育著述中，总有一些经典，然而，它们并非金科玉律。由于时代不同，国情不同，乃至阅读者理解力的不同，这些“经典”能否真正地发挥效用，仍需读者的过滤与甄别。

我曾十分向往《爱弥儿》一书中卢梭的自然主义教育理念。当很多家长面对孩子的任性哭闹束手无策时，我就向他们建议卢梭的“冷处理法”。诸多家长半信半疑:“置之不理就可以了？一直让他哭?”家长的反问触动了我的另一层担心和疑问:“当孩子看到成人对自己的哭声无动于衷时，是否会产生心理上的反作用呢?”我随即查阅了网络上的一些最新研究资料。果然，已有相关学者对这一问题做过专门的论述：孩子假哭是心理的诉求。对情感表达和语言表达能力尚未发展起来的婴幼儿而言，“假哭”可能是一种“幼稚”的表达方式，而哭声背后的情感需求却是真实存在的。婴幼儿期是父母和孩子建立情感交流的最初阶段。倘若经常采取置之不理的态度,孩子感受到的更多的是父母的冷漠,那就可能会进入一种"习得性无助"的抑郁状态。现代教育学和心理学更加注重个体的情绪调节与心理健康。从这一角度出发,让孩子们先暂时哭一会儿以表达、缓解情绪,再对其讲明要求的不合理之处并制定规则,或许是更加合适的解决方法。

三、良性循环成就教师"深阅读"

对教师而言,阅读与实践仿佛是行走的两条腿,互相配合,互为补充,缺一不可。少了任何一条腿,我们或许依然可以行走,但脚步不再矫健,行走不再轻快。教师需要意识到的是,使得行走顺畅的并非两条腿本身,而是大脑的神经中枢的支配,即大脑的"深阅读"。中国古代的文人著作对"深阅读"早有相似的论述。《论语》中"学而不思则罔,思而不学则殆"的千古名言充分论证了"学"(阅读)与"思"(研究)的密切关系。《礼记·中庸》中"博学之,审问之,慎思之,明辨之,笃行之"的精辟之说则详细列出了继"学"(阅读)之后更为深入的学习与研究阶段:仔细的探究、谨慎的思考、明确的辨别及切实的执行。"博学之"是浅阅读阶段,有助于缩短重复摸索教育经验的时间。而进入"审问之、慎思之、明辨之、笃行之"的深阅读之后,经验和反思成了教师专业成长最有力的助推器。

沙沙两岁半了,妈妈一直很重视对她的早教,看到很多家长带孩子上托班,妈妈也有些着急了。这天,妈妈问我现在是否有必要让沙沙上托班:一方面不舍得把这么小的沙沙放到托班,怕跟不上节奏;另一方面又怕不上托班,到时孩子不适应幼儿园的生活。

其实对于孩子是否需要上托班并没有一个定论。对于不同的孩子而言,可能上托班的意义和时机也是不同的。托班只是婴幼衔接的过渡阶段的一种形式。

而在婴幼衔接阶段，父母最需关注的应是孩子的心理状态及与父母关系的转化。简单地回复沙沙妈妈上不上、何时上并没有实质性意义，关键在于帮助孩子处理好新阶段依附与独立的关系。这，不是像极了当初培培的“断奶”过程吗？只不过，这一次是沙沙对父母时空依恋的“断奶”——逐步走出家庭生活去适应集体生活。在这个过渡阶段，同样需要遵循培培“断奶”的原则：在亲情依附中断奶。不过早地结束沙沙的家庭生活依附阶段，帮助其掌握适应集体生活的基本技能，耐心引导沙沙逐步愿意主动尝试幼儿园的集体生活。

因此，我给沙沙妈妈的回复并不局限于是否可以上、何时上等问题，而关键是让她了解这一阶段对沙沙的心理意义。在满足 0—3 岁孩子主要的安全依恋需要的基础上，循序渐进地让沙沙尝试自我独立、适应集体的过程。

我庆幸，有那么多的先贤著述已然为我规划了不同的行走路线，使我能在某个书香缭绕的静谧时刻与这些作者“相遇”；我欣喜，有这样多的实践机会可以验证我所读到的内容，将“灰色的理论”转为“常青的生活之树”。而在一次次“相遇”与“验证”的过程中，我不仅收获了更为丰富的实践经验，而且更重要的是，在深阅读中形成了主动阅读的意识、阅读之后的实践意识、实践之后的反思意识，而这正是教师的专业成长之路。

（聂文龙　上海市黄浦区早期教育指导中心　幼儿教师　教龄 4 年）

20. 打开专业阅读的三重天地

我读书，似乎是源于一种天生的喜爱。小时候奶奶斜靠在灯下阅读的身影总是印刻在我的记忆中，而这种影响，让我对于书籍有着自然而然的热爱，让我在生活中习惯与书为伴。小说、散文、戏剧，中国的、外国的，古典的、现代的，总能使我沉醉其中。

但是，作为一名教师，在专业阅读方面，我的起步却很晚。在得到了众多前辈的指引之后，才渐入佳境，慢慢打开了专业阅读的三重天地。

一、积累，解决"够与不够"的问题

记得在"新教师培训开班典礼"上，一位前辈这样说："要给学生一杯水，教师必须有一桶水。"我非常认同这句话，认为只有教师懂得多，教给孩子的才会多。那么，这一桶水，到底应该包含哪些内容呢？量，又应该是多大呢？对"一桶水"的孜孜以求，使我进入了不断积累的阅读状态。

从自己最感兴趣的语言领域入手，我开始从幼儿园资料室、小学图书馆搜寻相关的书籍，读遍学校里能借到的故事书，翻遍教辅资料，将一个个故事、一首首儿歌、一个个游戏、一幅幅图示读得烂熟于心。有了这么多，当一个幼儿园教师，应该够了吧？谁知道，当我到南京师范大学参加函授学习的时候，发现自己所知道的远远不够。绘本阅读、音乐游戏、信息技术、名画欣赏，一个个新鲜的名词蹦到我的面前，我发现自己就像一只井底之蛙，而面前展现的，却是一个望不到边际的知识的海洋。不够，我所知道的，远远不够。

借助每一次的函授机会，我到南京的各大书店翻找，到一些知名的编辑部搜罗，到大学附近的小摊"淘宝"。每一次学习回来，都带上沉甸甸的包裹，那里面装满了各种各样的书籍。

后来，网络购物使世界变得更小，我在网络上淘到的宝贝更多。家里的书橱太小，重新买一套更大的；后来大书橱里也慢慢装满了，我积累的各类绘本、传记、诗集越来越多。慢慢地，我的阅读品味提高了，对儿童阅读的理解也越来越深入了。在课堂上，我不仅能绘声绘色地再现故事，还能够根据孩子们的联想改编和创造故事，让故事情境进入各个学科的教学，用情境表演帮助幼儿深入理解故事角色的心路历程。在讲故事比赛、亲子阅读比赛中，我指导的孩子们一次又一次地获得大奖。

一次，带小朋友去南通参加讲故事比赛，新颖的比赛形式引起了我的注意：主办方将孩子们从没有读过的绘本呈现在选手面前，给他一段时间，然后让他自己讲述这个故事。这种形式考察的是孩子的自主阅读能力、观察理解能力和语言组织能力，而这些能力才是真正对孩子终身学习有益的。如果说我是一个装满故事的"水桶"，即使尽力往"杯子"里装故事，那也是极其有限的。一个桶，总有装满水的时候，因此，更重要的是，让杯子有自己主动蓄水的能力。这样，当孩子离开教师之后，他还能够自主学习，继续成长。从这个角度来说，一个教师的知识容量，够，是永远不可能的；而不够，才是永恒的状态。

从这时候起，我开始思考如何帮助幼儿形成自主阅读的习惯，进而又延伸到其他领域。其实，引导孩子自主学习，形成良好的学习品质和一定的学习能力才是最重要的。由此，我迈向专业阅读的第二重天地。

二、寻找，探索“行与不行”的路径

在工作中，总是会碰到这样那样的问题：这个孩子怎么老是爱打人？他怎么总是啃手指？怎么与家长沟通？怎样才能构建良好的班级氛围？怎样组织孩子们的游戏活动才符合幼儿的发展规律？……

几乎每一天，都不断有问题冲击着我的大脑，挑战着我能力的极限，而身边的同事也经常和我一起为这些难题伤脑筋。怎么办？书是良师益友，到书中寻找答案吧！

从《故事知道怎么办：如何让孩子有令人惊喜的改变》里知道怎样运用故事解决孩子的问题；从《培养孩子从画画开始——走进孩子的涂鸦世界》中了解到孩子涂鸦的特点，学着理解他们的涂鸦作品；从《小游戏大学问：教师在幼儿游戏中的作用》中知道教师在孩子游戏过程中要做什么；从《儿童的一百种语言》中学习观察和记录、反馈与交流在课程中的作用；从《创造性思维和基于艺术的学习——学前阶段到小学四年级(第 5 版)》中知道班级的各个区域应该怎么摆布、要收集哪些方面的材料、对孩子有什么样的要求……

这些书籍提供的宝贵的经验，让我少走了很多弯路。当一个问题出现时，我的脑中就会浮现出书中描述的一个个场景，从简单的模仿，到考虑事件背后的原因，思考在自己身处的环境中还可以怎样做得更好。

带中班的那个寒假，我刚刚阅读了《儿童的一百种语言》，对瑞吉欧教育模式很感兴趣，又找来了不少相关的书籍进行阅读，揣摩教师是怎样观察孩子的、观察所得又怎样应用于课程内容的进一步生发、怎样让幼儿成为课程的主导者。开学后，我对本年级的备课进行了重新审视，发现我们的课程存在预设内容多、生成内容少的缺陷。于是，在"家"、"自行车"等主题中，我更多地跟随幼儿的脚步，拍摄、录音、记录、整理，每一天都有新的发现，慢慢地跟上孩子们的节奏，调整课程内容和计划，让孩子们体验到自己主动探索的成就感。

从工作中的种种"不行"，到阅读后一点一点的"行"，读书使我在工作中找到了很多解决问题的途径，获得了很多好办法，使我的班务工作、教育教学工作的水平得到了很大程度的提高。在这个基础上，我经常反思自己的工作，开始总结自己的经验，梳理成文，慢慢地，在杂志上也有了属于我的"行"的文字。

但是，并不是每一个问题都能够通过书中的方法得到解决的。每一年，班上都会有那么几个喜欢吃手指的孩子，怎么才能让他们改掉这个"毛病"呢？我尝试了很多方法，都失败了。有一次，在同事推荐的《幼儿问题行为的识别与应对》这本书里，我看到用行为主义理论解决这个问题的方法：和孩子一起制订计划，每天定时观察和记录这种行为，鼓励孩子改正，并在记录中看到自己的进步。根据书中的建议，我在班上跟踪了一个孩子，和他一起订计划，记录他的行为变化，对他的进步加以鼓励。经过两个星期的坚持，他吃手指的行为有了一定的减少，但是过了一段时间后，却又恢复原状了。

这样的情况还有不少——并不是每一个问题都能从书中找到现成的答案，也不是每一个案例都能套用到我们的工作中。单纯地学习书中的方法，似乎还不能到达教育的本质，不能触及孩子的内心世界。"行"或"不行"的背后，是不是还有什么更加核心的内容？带着困惑和疑问，我跃跃欲试，又开启了专业阅读的第三重天地。

三、深挖，打通“知与不知”的经脉

2015年，我加入了江苏省特级教师吴彩霞的“安静的追梦人”团队，从此，我的专业阅读从“广读”、“泛读”进入了“精读”、“细读”的新历程。在每一年的学期和假期中，师父会引领我们共读几本难读却又值得读的书。说它们难读，是因为这些书都要有一定的理论基础和实践经验作为铺垫才能读懂，而书中的枯燥难懂、拗口的语言，也是阅读过程中的一只只“拦路虎”，让人望而生畏；说它们值得读，是因为这些书都是教育学中的经典著作，同时，也对我们打通“知与不知”的经脉大有助益。

就这样，经过一轮轮的分段讨论，一次次与现实相联系的争执，一句句朗读吟诵，师父一层层的启发和小结，我们的共读之路越走越远。坚持了两年半，回顾曾经共读过的书目，居然已经有了厚厚一摞。特级教师李吉林的《情境教育三部曲》介绍了“情境教育”研究的发生、发展、理论框架，并提供了很多鲜活的案例，让我了解到教育实践怎样跟理论融合起来成为教育研究。《创造性思维和基于艺术的学习——学前阶段到小学四年级(第5版)》从儿童创造性和艺术学习课程这一视角，解析了在游戏、美术、音乐、戏剧等活动中促进创造力发展的理论、方法，让我能从更多的维度了解“创造力”是怎么回事，书中的很多案例和图表都成为我在实际工作中的检索工具。皮亚杰的《儿童心理学》让我了解到儿童的心理是怎样一点点地建构起来的，并开始学着从更理性的角度看孩子的行为。华爱华的《幼儿游戏理论》介绍了各种教育学派、心理学派对游戏理论形成的影响，客观地阐述了我们在游戏研究中要有怎样的视角，使我对游戏的理解更为理性，不再盲目跟风。英国珍妮特·莫伊蕾斯的《仅仅是游戏吗——游戏在早期儿童教育中的作用与地位》融合理论和实例，让我了解了学校情景中的游戏概念，解决了平时工作中的不少困惑。英国唐纳德·W·温尼科特的《妈妈的心灵课：孩子、家庭与外面的世界》带给我温暖柔软的感觉，阅读时自己的心不知不觉也变得柔软起来……

这一学期团队共同阅读温尼科特的《游戏与现实》，这本书更是让我了解到游戏在主体、客体间的重要地位，了解到创造、游戏与文化都来源于主体对客观世界的主动认知和探索，也更为深刻地理解了我之前所不知道的问题的关键所在——吃手指、退缩、攻击性行为等，并不仅仅是行为问题和习惯问题，而是孩子在成长过程中的某一个阶段受到冷淡或忽略或不适宜的教养而形成的问题，而这些，都需要我们成人以更多的包容和更多的陪伴来慢慢化解。

从不知到知，我忽然有一种豁然开朗的感觉，仿佛拨开了重重迷雾，清晰地看到了事物最本质的所在，心中也是一片澄明。

在这样的反复思考和打磨下，我再也不害怕阅读专业书籍，反而越读越想读，越读越渴望了解更多，越读越觉得自己所缺的还很多很多。

于是，我再拿起以前放下的《游戏力》、《教学勇气：漫步教师心灵》等书，将之前阅读中碰到的相关书籍找来，进入了自觉阅读的新境界。

在实践中，很多事情变得更加简单，很多想法也更加清晰地浮现出来，教育教学工作逐渐变得游刃有余起来，每一天的教育生活都变得如此快乐和幸福。阅读，是一个打开的过程，读得越多，自己面前的世界就越广阔；阅读，又是一个认识自我的过程，在阅读中不断地自省和自察，让自我越发充盈。活到老，读到老；读到老，学到老。在今后的岁月中，我愿时时与书相伴，在书香中迈向新的高度。

（江　晨　江苏省如皋师范学校附属小学幼儿园　幼儿教师　教龄 25 年）

21. 我的阅读三境界

每年开学换班，搬移办公桌时，桌上都被我整理得干干净净，仅放两三本书；但数月过后，办公桌上除了必放的电脑，其余空处又堆满了各类书籍，一本本不计其数，一叠叠参差不齐……直堆到与对面老师交谈时，几乎看不到对方的衣着，只看到对方的脸，有时甚至只看到对方的眼睛。

内向的我不善言辞，但我喜欢时时捧书静读：站着读，坐着读，躺着读；白日青天时阅读，夜深人静时阅读；书桌前阅读，旅行途中阅读。时常读着读着，听到肚子的咕噜声才想起要吃饭了……如果说人与人的交流是言语与眼神的交流，那么我与书籍的交流则是心灵的沟通。无论我处于哪种读书姿态，我都在享受着三种境界，尤其是为教学工作而展开的阅读。

一、实用境界：阅读让我做得更好

在教学工作中接触得最早、最多的是那些实用类的教育书籍，诸如《给教师的一百条建议》、《成功教师的教育策略》、《幼儿园科学区(室)：科学探索活动指导117例》、《幼儿园集体教学活动设计方法与实例》等，我会把书中的教育方法、教育经验、教育理念潜移默化地运用到自己的教学现场、教育场景之中。

1. 从阅读中学到方法

十多年前我与《案例教学指南》结缘，以前试着看懂它，现在已全然离不开它。一则则剖析深刻的案例，令我重新审视工作中的教育案例、幼儿现象、教育问题，以合理方法调整自己的教育行为，因材施教。

刚转班时的郁郁沉默寡言、安静独处，我感到要多关注这位让人“省心”的孩子：早晨主动和她打招呼；午餐时鼓励她多吃食物；游戏时和她一起玩……让她慢慢感受到关爱，试着与人亲近。一学期后，她早上来园时已会有礼貌地主动打招呼，游戏时会自主跟同伴一起活动、游戏，午餐前会主动争当值日生。

恰当的教育方法能让老师心情愉悦，提高工作效率，增加师幼间的亲密感。在一次离园前的美术活动中，孩子们在画画，楠楠却不厌其烦地捣鼓水壶；被发现后，他漫不经心地看了我一眼，继续玩水壶。我顿感气愤，推翻了水壶……之后，楠楠在活动时再也没玩过水壶，看似“老实”，但活泼的天性被“冷藏”了。以前他会炫耀新鞋，说周末趣事，现在总显得小心翼翼。之后我阅读了多位教育家的著作，从中收获了许多良策。于是我重新分析了楠楠的“调皮捣蛋”行为，在满足他好奇心的同时适时加以引导，晨间活动时和他一物多玩自制器材，区域活动时鼓励他大胆“捣鼓”科学用具。

阅读让我更深入地理解了孩子的“特殊行为”，针对孩子调皮、自制力差等现象，我不再直接批评或制止，而是加以引导，转移注意力，转换活动方式。

2. 在阅读中更新理念

阅读的作用不仅是学习具体的操作方法，更重要的是更新教育理念。通过阅读《陶行知教育文选》，我学习了“教学做合一”的教育理念：依据孩子的特点确定教育策略，引导孩子们在做中学。

开展科学活动“种子”时，我考虑到中班孩子活泼好动、思维具体形象的特点，进行了活动设计。我找到生活中易于种植的多肉、吊兰等植物，四季豆、大蒜等农作物及其他种子；提供水、沙、棉花、餐巾纸等不同环境来种黄豆、花生等；同时在教室里摆放了相关书籍《一颗种子的成长》。通过系统的设计和细致的引导，我为孩子们构建了一个良好的探究情境。学习有关种子的知识时，孩子们知道了蒲公英随风传播种子，睡莲顺水漂流种子，喷瓜喷射种子，人们播种稻谷种子。学习种植时，孩子们发现了许多生长现象，例如：黄豆不浇水会枯萎；四季豆种子经过一段时间浇水、光照，藤蔓顺着墙角悄悄往上爬等。的确，了解“什么是孩子需要的、能为孩子做什么、孩子能获得什么”，才能在最小的空间里创造出最大的教育奇迹。

图一　实用类的教育书籍

我还阅读了《北京一师附小快乐教育案例新 100 则》、《教育管理与案例分析》、《有效教学方法》、《教育研究方法导论》、《多元智能教与学的策略》、《教学教育过程最优化》、《第 56 号教室的奇迹》等书籍，学习了许多方法策略，慢慢试着在工作中应用。读书使我渐渐成长为园内业务骨干，渐渐达到某种“本我”境界，不断反思，不断突破，不断实现。

二、科学境界：阅读教我懂得更多

通过阅读《学前教育理论与实践探索》、《教育科学与儿童心理学》、《陶行知教育名篇》、《研究性学习的理论与实践》、《现代教育科研方法与应用》等书，我了解了更多的教育科学的规律，感悟到教育源自幼儿、源自生活，教育研究又使教育回归幼儿、回归生活。

1. 阅读让我读懂孩子

之前看到孩子厌烦活动，我常武断地认为孩子的坚持性不够，做事持久力不足，往往直接批评一顿，甚至联合家长共同管制。

读了陈帼眉教授的《学前心理学》一书，我明白了：孩子好奇心强、坚持性差，需要老师亦师亦友地与之相处。宁宁刚种植大蒜时，小心翼翼地浇水，一天不下三次观察，兴奋地汇报大蒜长势；一周后兴趣渐失，只是偶尔浇水，极少谈论大蒜。于是我让她用种子标尺、量杯，制作关于大蒜生长的绘画日记，对照着观察大蒜长势，又引导她发现水和光照对大蒜生长的影响，从而促使她不断迸发出对于种植的兴趣和热情。

2. 阅读让我剖析自我

管理午睡时，我发现有几个孩子“出轨”：一个抬头四处张望，一个手指抠床沿发出声响，一个抬腿蹬被子。我心中顿时冒起一股无名火，冲着“肇事者”狠狠批评了一顿。之后他们虽有所收敛，可还是没睡着，令我心情烦躁。

阅读了李艳红主编的《心理学》和杨杨、张皓宸的《你是最好的自己》后，我尝试调整自己的负面情绪，平静地看待这种情况，努力在谈吐中流露出娴静之意。细想之后觉得，几个“肇事者”不守规则，也不过是孩子精力充沛的表现。“管理”孩子时要认识孩子的顽皮，学着理解孩子、善待孩子，正确对待他们的“闯祸”、“出

图二　教育科研类理论书籍

轨”行为。之后，我在午睡前和几个特别顽皮的孩子约定好要乖乖睡觉，午睡时专注管理他们……渐渐地，他们从不影响他人午睡到能自己慢慢入睡了。

我虽已从教近二十年，积累了不少经验，但写论文时仍会无从下手，有时也只是泛泛而谈。通过阅读教育科研类理论书籍，我开拓了眼界，提升了实践反思和经验总结的能力。多年来我不断参与区、市级各类征文活动，十多篇文章分获市、区级一、二、三等奖。阅读引导着我不断探究教育价值，使我变得善于观察和解读孩子行为，勤于关注和反思教育策略，精于分析和引领幼儿园发展方向，帮助我逐渐成长为研究型、反思型教师，达到某种“自我”境界。

三、审美境界：阅读使我领悟更深

阅读《教育孩子的艺术》、《游戏精神与幼儿教育》、《教育的意境》、《窗边的小豆豆》、《教育之梦》等书，我领悟到了教学领域中的审美教育。各类教育专著，教育美学，教育价值观融汇于我的思想中，启发我深入了解教育专著、感悟教育的艺术、领会教育的境界所在。

1. 阅读滋养教育情怀

《赏识你的学生》一书结合一个个生动鲜活的案例，诠释了成功教育的奥妙所在：一个赞赏的眼神，一次简单的“摸头”、“牵手”，一句简单的“孩子，你能行”……犹如一剂良药，治愈孩子自卑、怯懦的内心，在赏识、激励下慢慢走向成功。

面对动手能力差的宁宁折出的半个“宝塔”，我及时肯定并鼓励她重折，最终她成功折出了“宝塔”，收获了喜悦。

正是阅读，使我慢慢培养出“面对路边野菊也怦然心动的情怀”，犹如视野菊如芬芳扑鼻的鲜花那般，珍视顽儿犹如自己的孩子，以满腔的教育情怀看待每个孩子的生命价值。正是阅读让我以审美眼光看待现象，施以教育艺术，引导孩子自我欣赏、自我挖掘、自我表现，体验教育的愉悦，感受教育的温暖，体会教育的美感。

2. 阅读提升教育境界

说起承承，以往脑中总会出现这样几个词：不按规则游戏、独处、生活行为差。这孩子常令我烦恼，有时抱怨家长；有时直接取消他参与活动的机会，生怕被搞砸。品读《教育的理想与信念》一书，让我懂得：教育意味着关注孩子的生活世界，借助活动和自主建构培养孩子的多方面能力。

我现在看到更多的是承承的优点。无意中发现他记忆力较强：两三个月后能记住全班孩子的名字和学号，听一遍故事能大致描述情节，面对数学活动思维敏捷。于是我鼓励他参加角色游戏，和同伴一起布置剧场，担任售票员工作。他不仅认真负责，还提出了网上购票的建议。游戏让他习得了各类角色技能，懂得了合作、谦让、分享。

此外，我还阅读了《学会关心——教育的另一种模式》、《教育的意境》、《伟大的笨蛋：中外名人的差生生涯》、《原来我这么棒》、《草房子》、《绝境狼王》、《新教育之梦：我的教育理想》、《孩子你慢慢来》……阅读令我试着追求“心中的理想教育”：一种重视孩子精神目标的境界教育，一种呵护孩子心灵成长的心灵教育，一种感化孩子心灵、收获师幼亲情的快乐教育。

书籍为我营造了一个色彩斑斓的世界，令我看到心灵的距离、教育的高度、教育的艺术。我如同久旱逢甘雨的荒地，沙漠中遇绿洲的探险者，大海上抓住一根枯木的鲁滨逊，如饥似渴地汲取着书中的正能量。

（陈　儿　浙江省宁波市鄞州区东莺幼儿园　幼儿教师　教龄18年）

体验

第五章
道问学以文会友

读书不是为了让一个人躲出人群，在一个很安静的环境里面自己静静地说。读书到最后是为了回到这样一个人间。……我也喜欢搞读书活动，但是重点在于我们鼓励大家真的去读，而不在于我们把读书捧得很高。

——梁文道 “读书，不是为了逃离”

22. “戏”说教师共读

莎士比亚说，戏剧是时代的综合而简练的历史记录者。笔者选择以一个三幕剧的方式来讲述几位教师伙伴的共读故事，就是想通过“戏”这种更为综合的方式，更为简练生动地记录我们两次共读的“历史”。第一次共读堪称“四无”——无经验、无章程、无组织、无纪律，但有了第一次课堂观察的实践体验。第二次共读开始走上正轨，又是“招兵”，又是“买马”，还拉进了一名其他共读小组的“卧底”做督学……最终，这场三幕小戏会如何落幕？这个共读小组将会走向何方？

剧中主要人物：

菜鸟群主——赵明艳，教育学院教师。因对课堂观察什么也不懂而得此雅号，善于凝聚人心。

生妹——生趣，小学语文教师，教龄 4 年，腼腆好学，因在共读群中年龄最小而得此昵称，是两次共读活动中的“献课者”。

砖家——郑新华，博士，教育学院科研员。因在共读中起“抛砖引玉”之作用，得此戏称。

老铁——黄晓清，小学语文教师，教龄15年，夏雪梅博士的铁杆粉丝。

学仙——李寅滢，初中历史教师，教龄9年，勤奋好学，美如仙子。

学长——马天宇，教育学院教师，谦虚稳重。

督学——张丽芝，初中数学骨干教师，教龄23年，多个共读群的发起者。

第一幕　假戏真做

人物：菜鸟群主　老铁　生妹　学仙

时间：2015年5月19日晚上6点

地点：一个老式小区的底楼，生妹家的厨房

字幕(旁白)：

2015年，菜鸟群主初次组织共读夏雪梅博士的《以学习为中心的课堂观察》，与生妹、老铁、学仙三位伙伴成立了四人读书小组，以网上共读为主要形式。

“提升教学从观察课堂开始”这句话深深地吸引了我们。小伙伴们商定：自己上一次课例研究课，我们也来做观察！说干就干，当时仅有一年半教龄的生妹爽快地承担了课例研究的任务，做了勇敢的“献课者”(这个词借鉴自成都大学陈大伟先生)。于是，就有了5月19日晚上生妹家的这场“课前讨论”。

即将进行的课堂观察主题是：教学目标与教学环节的双向一致性。可是，教学目标的确定成了首要难题。

菜鸟群主：最近，咱们在共读中反复讨论教学目标。夏博士说：“……上述这些教学目标，或者泛泛而谈，或者只是宽泛地罗列学习领域，或者没有掌握目标叙写的基本规律。最重要的是，这些目标明显不是针对‘这一’课堂和‘这些’学生的，而是对‘抽象’的学生进行的一般性说明。”（《以学习为中心的课堂观察》，教育科学出版社，2012 年 9 月第 43 页）

现在咱们根据夏博士对目标的论述讨论生妹《唐老鸭新传》的教学目标。

（四人翻书，阅读，讨论）

老铁：对于“目标 1：正确认读本课的 11 个生字：卖、店、但、而、沉、救、命、失、珍、贵、够”，作为一个观察者，我的疑惑是，这是一堂课还是一周需要达成的目标？

学仙：我认为是一堂课要达成的目标。

生妹：（害羞地笑）我明白了，这其实就是咱们在共读中反复提到的目标要写具体。我这样改一下：经过一堂课的学习，正确认读本课的 11 个生字。

老铁：这样修改就具体了。

学仙：我觉得这个目标很容易达到，除了认读之外，还应增加写的要求。

生妹：哦？还要写？写什么？

学仙：这要根据你班级的学情来确定。生妹是否做过前测呢？

生妹：没做过。咱们一起共读我才知道“前测”这个词，不会做。

老铁：不要着急，我以前也上过这个课，可以考虑书写“四会字”——珍、卖、店、命。

生妹：（拍掌，兴奋地站起来转一圈）好的，就听老铁的。回头我要学学怎样做前测。（众拍掌，大笑）

生妹：刚才的讨论给了我启发。对于“目标 2：正确流利并有感情地朗读课文，了解故事内容，感受唐老鸭前后的情绪变化”，我现在这样修改：正确流利并有感情地朗读课文，了解故事内容，感受唐老鸭从高兴——害怕——后悔的情绪变化。

三人齐声：生妹你好棒！

菜鸟群主：在“目标 3：知道唐老鸭‘沉下水’的原因，明白‘不能一味追求金钱'的道理"中,使用了"知道"、"明白"两个词汇。那么,观察者以什么标准来判定孩子们"知道"、"明白"了呢？学生达成目标后应该是一种什么样的状态呢？

学仙：群主的这个疑问又让我对目标的撰写清晰了很多。一年级的孩子只要"说出"唐老鸭沉下水的原因,就算他们"知道"了。

生妹：平时写目标时,就是随手写写的,从来没有考虑得这么细致。

老铁："说出'沉下水'的原因"和"说出'不能一味追求金钱'的道理",也不是每个孩子都能够做到的。我的同事刚刚上过这一课,大约只有85%的孩子能说出来。

生妹：我估计我们班也是这个情况。我这样修改：85%以上的学生能完整准确地说出唐老鸭"沉下水"的原因;借助课文中的句子或用自己的话说出"不能一味追求金钱"的道理。三位觉得如何？

三人齐声：生妹你太聪明了！

菜鸟群主：(故作严肃)好了,现在我们把刚才的讨论梳理一下：

原有目标：(略)

修改后的目标：

1. 经过一堂课的学习,正确认读本课的11个生字：卖、店、但、而、沉、救、命、失、珍、贵、够;能正确书写"珍、卖、店、命"4个字;

2. 正确流利并有感情地朗读课文,了解故事内容,感受唐老鸭从高兴——害怕——后悔的情绪变化;

3. 85%以上的学生能完整准确地说出唐老鸭"沉下水"的原因;借助课文中的句子或用自己的话说出"不能一味追求金钱"的道理。

(众人鼓掌通过)

生妹：我今天的收获太大了！刚参加共读时,我以为就是了解一下书中的概念、原理,走走过场就算是共读了。

老铁、学仙：我们也是这样认为的。

菜鸟群主：那是假读书。现在，我们不但认真地读了，还认真地做了。是不是有点“假戏真做”了？

（四人大笑，幕谢）

第二幕　入戏三分

人物：菜鸟群主　砖家　老铁　生妹　学仙　学长　督学　其他观察员

时间：2016 年 11 月 30 日上午 10 点

地点：浦东新区竹园小学会议室

字幕(旁白)：

2016 年 6 月底，生妹、老铁、学仙提出再次共读《以学习为中心的课堂观察》，菜鸟群主欣然同意并开始“招兵买马”。已经两次阅读过本书，且对课堂观察有多年实践经验的郑新华博士被纳入到了共读团队。他在群里的作用是“抛砖引玉”，有针对性地回应大家的阅读问题，以及提出深入阅读的线索。“学长”马天宇、“督学”张丽芝也被招进了团队。

旨在“深入阅读一本书”的第二次共读在 2016 年的暑假开始了。11 月 30 日，生妹又贡献了《天上一群小白羊》的研究课。课后，基于观课的议课开场了。

图一　生妹献课《天上一群小白羊》

菜鸟群主：这次课例观察的主题仍然是“教学目标与教学环节的双向一致性”。经历了第一次课例观察的生妹，在目标的制定上显然已经驾轻就熟。今天课堂上的生妹充满了自信。你对自己满意吗？

生妹：这次上课，无论是观察单的设计、前后测设计，还是材料的准备，我都得心应手；课堂教学井然有序，一气呵成；教学过程中运用口令、手指操等环节，牢牢抓住学生的注意力。一切都是那么顺利！我对自己非常满意！

砖家：这次在教学目标的制定上，与第一次有什么不同吗？

生妹：第一次的目标明显不是针对“我的”课堂和“我的”学生的，而是对“抽象”的学生进行的一般性说明。所以在这次课中我增加了前测。

老铁：能说说你是怎么设计的吗？

生妹：（呈现 PPT）考虑到小学一年级学生的认知能力，我在设计中主要运用了情境题。例如，为了了解学生对“河、清、才、家、乡”5 个生字的学习情况，我选取了一幅图片，让孩子们看图完成选择题。

看图片，选出正确答案的序号：

1. 从图片中，你看到了什么？（　　）

A 小河　　　B 大海

2. 图片中的水很（　　）。

A 青　　　B 清

3. 图片中，漂(piào)亮的房子是我的（　　）。

A 家　　　B 象

4. 漂(piào)亮的房子在（　　）下。

A 多　　　B 乡

5. 只有春天来临(lín)，桃花（　　）会开放。

A 才　　　B 不

学长：这个方法好！我们都可以借鉴。还用了哪些方法？

生妹：我还使用了传统的测试题的方法。

试着读读下面的词语：

河水　清早　回家　乡村　天才

山河　冷清　人家　乡土　口才

学仙：在第一次课例研究中发现的学生学习习惯方面的问题，你也有前测设计吗？

生妹：有的，我是这样设计。

朗读儿歌《不倒翁》：

说你呆，你真呆，胡子一把，样子像小孩。

说你呆，你不呆，推你倒下，你又站起来。

要求：(1) 以正确的坐姿指读。

(2) 数数这首儿歌一共有几句话。

(3) 注意“子”、“来”发音为轻声。

老铁：“让学生学会用完整句回答问题”是对一年级学生的重要要求，你是否也进行了前测设计？

生妹：是的。

你最喜欢什么动物？为什么？

学生答：我最喜欢________，因为________。

菜鸟群主：除了这些之外，还有没有其他更加丰富、灵活的测试方式？

生妹：夏博士在书中谈到，前测方法还包括：聚焦于问题情境的访谈、绘制概念图、关键语词联想等。我想在以后再学着使用这些方法。

砖家：通过今天的前测与课堂观察来看，生妹的教学目标是比较合理的。最可喜的是，生妹已经关注到了学生的关键学习点，即学习能力没问题，学习习惯有问题。也就是书中所说的"深层目标"。

生妹：原来深层目标是源于对学情的深度分析，我一点也没意识到。

菜鸟群主：我们已经读到这一步了？不敢想象。

砖家：你们都入戏太深却不自知，继续在共读中体悟吧。在这节课中，生妹基本的教学问题已经解决，接下来要解决"个别化学习"的问题。这是生妹要面临的新挑战。

生妹：我是一个"奥特曼"，共读给了我能量，我愿意接受这个挑战！

（众人笑，幕谢）

第三幕　好戏连台

人物：菜鸟群主　老铁　学仙　砖家　学长　督学　其他青年教师

时间：2017年5月18日下午3点

地点：浦东新区某幼儿园二楼大厅

字幕（旁白）：

在上海市首批中青年骨干教师团队发展项目"课例研究课程化工坊"与上海市学习科学研究所联合举办的2017年第三届读书心得征文与评选活动中，上海、西安、山东三地共201篇文章、10个共读小组参与评选。经过三地评委的交叉初评，上海市学习科学研究所的专家终评，最终产生了若干篇获奖文章以及最佳共读小组。

督学：在这次征文活动中，“《以学习为中心的课堂观察》共读小组”共提交6篇文章，其中3篇获得一等奖，3篇获得二等奖；而且符合共读奖的评选标准，获得“最佳共读小组”称号！

菜鸟群主：今天真是好戏连台。恭喜我的小伙伴们获得可喜的个人奖项！恭喜我的团队获得“最佳共读小组”！

督学：菜鸟群主，其实你一点也不“菜”(众笑)，你和你的伙伴们从“假戏真做”到今天“好戏连台”，有什么秘诀可以传授给我们吗？

菜鸟群主：我的伙伴们太给力啦！他们在共读过程中，练成了“独门秘籍”，并互相切磋，可以说个个武艺高强。

督学：那就请你的团队“亮剑”给我们看看吧！

砖家：对于专业书籍的阅读，可以变点戏法。之前，这本书我已经读过两遍。在这次共读中，伙伴们给了我新的启发，我写下了《专业书难读吗?》一文。我认为共读专业书，不一定非得不苟言笑地从第一页开始读到最后一页，而是可以凭一条线索解构甚至重构书籍。

督学：这倒是个有趣的读书法。线索怎么寻找呢？

砖家：我的习惯是从前面和后面找起。前面包括书的封面、序、前言、目录；后面包括后记和参考文献、封底。共读中我发现，夏博士在前言当中明确提到“第二部分至第四部分是本书的重点”；翻到目录，发现这三大部分都有观察单；翻到每一个章节，数一数共有23个观察单。观察单就成了线索，我们根据观察日期进行统计，将若干观察单的同类项进行细致比较，把个体经验带入到观察单个案中，由小见大反观本书提出的基本理论，由此展开深入阅读。

学仙：在“砖家”别出心裁的读书法的诱惑下，我们还开展了“找茬”游戏。作者引用的段落、标识怪异的字符、人名等，只要我们看着觉得别扭的地方，都会被“找茬”。

督学：这么严谨的专业书籍，你们能找到“茬儿”吗？

学仙：能。比如，在本书第230页，作者提及变易理论的首创者是瑞典学者“马顿”，而到了第238页，又说“变易理论发端于瑞典学者马飞龙”。那么，我们开始“找茬”：“马飞龙”和“马顿”是不是同一个人？若是，作者为什么前后使用了不同的名字？作者是否有特殊的意图？带着这样的“茬儿”，我们开始进一步探究。

（老铁举手要求发言）

老铁：“找茬”游戏不仅给我们的共读带来了乐趣，也使我们的共读逐渐升级，走向主题化、系列化。例如，刚刚提到的“马飞龙”与“变易理论”，我们会去查阅与之相关的书籍，这样，我们的阅读范围变得广阔了，成系列了。

菜鸟群主：是的，我们的两次共读在逐渐升级，从基础阅读到检视阅读，到分析阅读，再到主题阅读。拿我自己来说，在共读的同时，又精读起了相关书籍：《为了大多数教师的课程实践——陈大伟观课议课对话录》，与共读书籍互为补充，从中汲取了新的养分。

学长：我第一次经历“阅读＋实践”的共读，感觉这种“二合一”读书法的确有效、有趣。

菜鸟群主：“学长”说得对。共读中的阅读与实践应该是一个持续互动的过程，共生共长。

督学：我在“卧底”的过程中，发现这些有趣的读书法都是在七嘴八舌的讨论中，忽然灵光一现产生的。无论是寻找阅读线索、“找茬”游戏、主题阅读，还是开展课例研究，都见证着这个小组一步一步在共读中成长。我为你们骄傲！

（全体鼓掌，幕谢）

编剧手记：

回望我们的共读之路，可以用四个“读”字来概括：“砖家”领读，督学督读，边走边读，课例研读。而我们的共读伙伴，也是“如此”有特色。

如此群主：她不是群中的学术权威，她经常是什么都不会，等着大家来教，但是她让每一个人都觉得自己很重要。

如此“砖家”：这位博士并不是静等着专门解答大家的疑问，而是带领大家发现更多的问题，并从书中寻找解决问题的蛛丝马迹。

如此群友：这些好学的伙伴们，不仅积极参与每一次群活动，还热衷于和大家一起发现问题，挑战权威。

正是这些有意思的特点，让大家彼此吸引，互相鼓励。现在我的共读伙伴们都开始带着自己的读书小组上演各自的共读新戏了！

（赵明艳　上海市浦东教育发展研究院　教师培训　教龄 20 年）

23. "慢读书"的故事

阅读是一种相遇。
通过书籍,我们可以找到异代知音,
亦可以寻到同代挚友。
慢读书是一群爱好阅读的朋友组成的集体。
这里有对生活报以真诚态度的思考者,
有愿意分享交流的演讲者,
也有耐心友爱的倾听者……
它没有苛刻的会员制度,
你可以乘兴而来,亦可以挥手离开。
如果你愿意,可以加入我们,
一起游走在温州街头的大小咖啡馆,
或安静阅读,或谈天说地,
享受逃离俗世的慢读书时光。

自 2013 年 11 月 15 日至今,“慢读书”已走过了一千三百多天,我知道它还会一直走下去。

一、另类的读书会

三年前,“慢读书”甚至不能称为一个读书会。那只是三五好友每周一次的咖啡馆聚会:聊聊最近读过的书,以及这些文字背后的感悟。到今天,“慢读书”仍旧是一个小小的也许还有点另类的读书会,因为它不过举办了五十多期活动,微信交流群只有两百多人,微信公众号的一千多号粉丝数量也远不及某些“网红”级别的公众号。

图一 “慢读书”的 logo

说它小且另类,还因为它似乎没有什么严格的组织架构,聚到一起的策划人全凭一股子情怀,自娱自乐。说是自娱自乐,但并不意味着每个月至少一次的活动流于形式。联系主讲人、找场地、策划活动方案、出海报、现场调度……看似简单的活动背后往往是好多小伙伴精心策划、主动付出的成果。从整本书阅读,到作家谈创作,到诗歌朗诵会,不同形式、不同内容、不同场地,所有活动的幕后小伙伴,无一例外,都是这三年来通过“慢读书”结识的朋友。“慢读书”好像从来都没有多少野心,很多人来了走了又来了,最终留下来的那些人,都成了最真挚的朋友。

曾经有热心公益组织和“慢读书”合作举办读书会,把我们介绍成了“慢读书协会”,几个核心的小伙伴看见了,微微一笑,也不作过多的解释。确实,三年来,总是不停地有人以某些成功的公益组织来作为我们的榜样，告诉我们不妨发展会员制，并在如何让我们的组织变大变强上出谋划策。可是，变大变强从来不是我们的初衷。我们唯一在乎的，就是纯粹的"读书"这件事。

二、慢读书的缘起

读书，本身是一件极为私人的事情，但是一座城市弥漫的气息会影响一个人的情绪，比如我。那是五年前的秋天，刚刚研究生毕业回到家乡的我，在街头等公交的时候，发现没有谁会手里捧着书在阅读；在所谓的咖啡馆里面，有的是炒螺蛳的酸辣气味，而并没有以往我熟悉的咖啡香和翻书声……突然从一个书香气息浓厚的城市掉落到一个"阅读荒原"的时候，我的内心难免生出许多孤独感来。（好在后来我发现，这里并不是荒原。）

毕业的最初两年里，我也通过各种媒体渠道打听一些读书会的存在，也确实参加过一些活动。但是那么美好的一个晚上，竟只是听参加的朋友大谈特谈"人生中必须要去的100个地方"、"人生的智慧"之类的心灵鸡汤，除此之外，收获的东西实在寥寥。

"生命的意义"这类大而又大的命题大约从高中开始就进入了我的头脑。我现在还记得当我读到罗素先生"对爱的渴望，对知识的追求，对人类苦难不可遏制的同情心"这样的文字时内心所收获的震颤。刚好我手头又常有三联书店的书，于是"新知"，便成为我生命中极为重要的一个词汇。

常常和好朋友调侃说，三天不读书，智商不如猪。当我只身离开求学数年的城市返回家乡时，我强烈感受到思维的怠惰像密布的爬山虎一般，笼罩了自身。在慨叹自己终究不是个自觉的读书人的同时，我也陷入了堂吉诃德式的怪圈里：想得太多，做得太少。

或许需要一种外力来改变我现在糟糕的处境吧。

于是就有了 2013 年 11 月 15 日那个暖冬的午后的闲谈。

三、支撑的源动力

后来很多人同我聊天，都以一种匪夷所思的语气问我，作为一名高中语文教师，从入职开始就一直担任班主任，在如此高强度的工作压力下，何以有时间去组织这些毫无报酬的读书会活动。那些冠冕堂皇的理由都不能解释我行为的初衷。我的想法太朴素了：我不想让自己再懈怠下去了。黑塞说过，世界上最让人畏惧的恰恰是通往自己的路。而阅读，是一条探究自己内心的捷径。

借特朗斯特罗姆的一句话，我来到这里，是为了和一个举着灯，在他身上看见我的人相遇，我必须相信很多东西，才不至于度日时突然掉入深渊。“慢读书”存在的意义就在于此，我遇见了生活中的同类，我们互相抱团取暖。

两个月前，我们请到的是本土作家王永胜，他是带着自己所写的《迷途的羔羊——中国托派沉浮录》来的。我第一次发现原来在我生活的这块土地上，还有一群曾经笃定自己掌握了真理并为之付出了一辈子的老人们。青年作家和我们讲述自己如何走访这些幸存的老人，以及当看到那些老人回忆起自己的往事，眼角的泪水止不住流淌的时候，内心受到的莫大的触动。和历史几乎绝缘的我从来不知道在革命年代，我们的同龄人曾经经历过这些；也不知道青年时候的某个信仰，将会决定今后一辈子的人生轨迹。青年作家说自己是自费出版这本书的，我在“慢读书”竟遇到了这样的人，就像活动现场某位托派后辈所说的那样，王先生做了一件功德无量的事情。

八个月前，我在“年代美术馆”，为著名诗人多多先生的讲座作了开场介绍。多多先生说，这样的形式很好，希望十年后你们依然能够坐在一起，谈今天的阅读。他说，阅读是一种相遇，相遇也是一种阅读。多多先生绝对不是普通的和善的诗人，他言语中的凌厉让你忍不住反复去思考自身面对文字时的状态。我的朋友说，在那场聚会的现场，在多多的面前，我们甚至连开口都很艰难。

图二　诗人多多在“慢读书”活动现场

九个月前，在“bobo 咖啡花园”，我主持了有青年作家李静睿女士参加的“慢读书”交流活动。我的一位好朋友与李静睿私交甚密，因此我特地邀请她不远千里，从北京一路南下，来到这座江南小城，与我们分享她对于阅读的体会。

我的朋友阿花说：“以前我拿着一本书站在世界的对面，我们中间隔着一条长河，我时刻小心不要掉下去被孤独淹死。现在我还是拿着一本书，但是我和这个世界坐在同一边，我们面对着这条长河，坐在水边长椅上嗑瓜子聊天。”

是的，阅读是一种相遇，相遇也是一种阅读。文字、作者、世界、其他读者和我在某个时间轴上神奇地重合，这背后会产生一股巨大的能量。

四、路过或留下的人

2015 年 5 月，“温州绿色之声”邀请我作了“慢读书”的专题访谈；2015 年 7 月，《温州商报》介绍了“慢读书”；2015 年 9 月，《温州教育》杂志在报道中提及了“慢读书”;2015 年,“慢读书”获得“温州市中小学‘爱阅读’十佳社团(机构)”的称号;2016 年 9 月,《温州人》杂志大篇幅报道了“慢读书”……受到媒体关注是我们始料未及的,我想这就是所谓的“无心插柳”吧。

尽管如此,“慢读书”还是时时刻刻存在着危机。

三年来,那个谈起海子的诗歌,眼神中会流露出一种空洞孤独感的徐大大,现在已经转移到了洞庭湖畔;那个和我一起从北京回来、一起想着给我们的读书会取个名字并最终确定为“慢读书”的晶明,现在已经成了西子湖畔某个讲台上的语文老师;那个因为雷平阳的诗歌而与我们熟悉起来,满怀对诗歌的念想,坚决从报社辞职只身前往深圳工作的振宇,离开也有一年多了;那个自愿担负起“慢读书”海报设计工作并设计了精美 logo 的默涵也跑去省城创业去了;还有那个刚刚相识不久就奔赴北京的老欣,也还在他乡寻找着自己的梦……

图三 “慢读书”的伙伴们

今年过年,这些奔赴各地的小伙伴们陆续回来了,大家见面聊天喝酒,说起北岛的那句诗歌。但是杯子碰到一起,应该不只是梦破碎的声音吧。

因为是纯公益组织,我们毫无经费来源,而读书会的活动常常占用下午或晚上的黄金时间段，所以每次的活动场地便成了我们要解决的最大难题。此外，由于个人精力的限制，而“慢读书”的活动策划又往往需要耗费大量的时间和精力，因此在筹办一些大型活动时常常人手不足。在这里万分感谢那些愿意“浪费时间”、“浪费精力”和我一起做这件事的人，比如被我们称为“崔神”的温大崔勇老师、思维极为缜密的历史老师金天谷、红楼梦张爱玲迷杨建晓老师……因为很多人离开了，事实上他们还在；又因为以后，我们还将会遇到其他的人。

（李铮铮　浙江省温州市温州中学　语文教师　教龄6年）

24. 花小阅读生活创变记

有人说，一个人的阅读史就是一个人的精神成长史。就这个层面而言，一个学校的阅读历程应该也是一个学校的发展变革史。我总以为即使是最细碎的表达也需要一个宏大的叙事背景。苏州市吴江经济技术开发区花港迎春小学（下文简称“花小”）于 2013 年建成并投入使用，是吴江区最年轻的一所学校；之所以说她年轻，还在于教师队伍的年轻化，“90”后教师所占比例高达 70%。正如很多调查报告中指出的那样，很多年轻老师虽然都是高学历，但是他们喜欢电脑游戏或手机远甚于静心的阅读。花小的“我的教育生活”创变旅程就是在这样的背景下开始的……

一、“阅”为君来初始成

2013 年 8 月，花小落成并开始办学，我被教育局调入花小担任教科室主任。

面对一所崭新的学校，面对众多没有教学经验的年轻老师，结合教科研工作发展趋势，我再三思索后将“阅读·成长”作为教科研工作的突破点。同时我深信，每个来花小的新老师都正在开启其教育生涯，每天都行进在各自的教育生活中，会有自己独特的感悟，这是无法统一的，所以这个教育生活是“我的”，而且永远都是“我的”。就这样，“我的教育生活”这一阅读品牌诞生了。我将它作为一个新生的婴儿推介给每一个老师，让大家一起来呵护它的成长，与之共生，最后赋予其价值。

有一位学者曾说，用阅读抵抗荒芜。读什么书，是我们面临的首要问题。意大利作家卡尔维诺把经典作品的特征归为两点：第一，一部经典作品是一本每次重读都像初读那样带来发现的书；第二，一部经典作品是一本即使初读也好像是在重温的书。于是，我们把目光投向了苏联教育家、合作教育学派的阿莫纳什维利（下文称为“阿莫老师”）。在一年半时间里，全校教师共读了《孩子们，你们好！》、《孩子们，你们生活得怎样？》、《孩子们，祝你们一路平安！》三本书。

读而不行，则为空读。在读阿莫老师的“学校无分数教育三部曲”时，我们分章节地书写读后感，并上传至学校网站，由我遴选出优秀文章再推荐给大家共赏。除了写读后感，我们还开展了一系列的专题研讨活动，如对于“师生关系”问题，我们对全校学生进行了问卷调查，并围绕调查结果开展了三次圆桌讨论。我把这些成果整理成文，题为《师生共“驻”，创生教室文化》，发表在2014年的《中国教师》杂志上。为推进学校文化建设，我们开展了“读‘学校无分数教育三部曲’，谈学校内涵发展”征文活动，还开展了“遴选教师‘教育观’、‘儿童观’”活动，得到了教师们的积极响应。最后我们将老师们的观点加以整合，形成了十条精炼的“儿童观”文字，镌刻在了学校展厅的墙壁上。

通过一年半的“读＋写”、“读＋行”的精致化阅读，年轻老师们学着模仿阿莫老师进行班级管理，处理师生关系，处理家校关系，也为自己初为人师的教育生涯谱写了一段美好的序曲。2015年,学校将老师们一年半来的阅读随笔汇编成册,取名为《播下一颗好老师的种子》;同年,与《新教育》杂志合作,开辟专栏发表老师们的阅读心得。在接下来的日子里,我们又共读了台湾林文虎老师的《好老师在这里》1、2两册,美国雷夫·艾斯奎斯老师《第56号教室的奇迹》1、2、3三册,催生出了花小第二本随笔集《播下一颗好老师的种子(2)》。就这样,阅读大师们的书籍成了老师们教育智慧的源头活水,我们学会了与教育巨匠对话,并不断反思与成长。

二、"越"在求索寻突破

俗话说好的开始是成功的一半,但在我看来此话也未必尽然。随着时间的推移,很多老师觉得读书既不能加工资,对教学又没有立竿见影的效果,也无法带来学生得高分那样的成就感,花时间去读书还不如去讲题目、批作业,读书热情逐渐冷却了下来。

该如何"破冰"呢?我翻阅了大量的文献资料,开始试行主题化教研,一则让科研和教研有效整合,二则推行专业阅读。我游走于各个教研组间,认真参与每一次研讨活动,试图让老师们明白专业阅读的价值。

记得有次语文教研活动,与我搭班的金涛老师上《黄鹤楼送别》,课后教研组长王守美老师邀请我参与评课。我从"文包诗"是苏教版独创的文本开始谈起,谈到了"文包诗"的文体特征、基本的教学策略,再到金老师的教学手法,最后回溯到文本,谈论课文中"杨柳"、"沙鸥"等词语在古体诗中的意象化写法以及如何引导学生品读。在教研活动结束后,组长王老师私下问我:"你是数学老师,怎么感觉比我们语文老师还专业?!"我说:"看到金老师的开课任务,我提前几天就查阅了关于'文包诗'及《黄鹤楼送别》的教材解读和教学案例,然后进行了仔细的阅读。"

王老师感叹地说:“看来还是书读少了!”

第二天,我去食堂值班,遇到了语文组的尹苗苗老师捧着好几本书。她说:“昨天听到你评课,发现不懂的还很多,我要恶补,于是从图书馆借了些语文教学方面的书籍。”星星之火可以燎原。入职不到一年的沈丽娇老师执教了“认识厘米”。在研讨中,沈老师拿出了几万字的文献积累,包含教材解读、教学设计、案例分析等资料。活动中的沈老师俨然成了一位经验老到的教师,侃侃而谈,让其他老师顿生敬佩之情。

打铁要趁热。看到这样“阅读+思考”的机会,我马上将教科中心组分化出一个由沈丽娇为组长、五名成员组成的“杂志推荐组”。她们每个月都要四处搜罗优秀教育教学文章推荐至校论坛“他山之石”,供全校老师阅读,有效地弥补了共读书籍缺乏实效性的不足。为了放大效益,杂志推荐组还在年终将全年推荐文章分类汇编成册,实现了专业阅读的专题化。花小第一本文献汇编是关于“核心素养”的讨论,从此我们的阅读书目实现了“出版社书籍+自编书籍”的多样化组合。我们还与有关信息科技公司合作,开发了“迎春小学阅览室”App,将杂志送进每个教师的手机,供爱好电子阅读的年轻老师们随时随地阅读,让学习无处不在。

马红艳老师的一篇《学然后知不足,教然后知困》一时成为我校的名篇。她在文中写道:“很多人在刚从事教育工作时,可谓欣喜万分、激情澎湃,然而随着教育的深入,很多问题陆续出现,这常让我们这份激情消失殆尽。……带着困惑,我请教了教育前辈们。从他们那里,我寻得了答案。”朴实的话语引起阅读与教学的美妙共振,相信其他老师的共鸣同样来源于对自身发展的困惑和求索。

毛姆说,你才是你所读的书对于你的价值的最后评定者。我相信,无论阅读方式、阅读内容如何改变,专业阅读价值的最后落脚点就在老师们的课堂里、在孩子们的微笑中,所以我们阅读着、求索着……

三、“悦”之完人得圆满

周国平说，读书的最大乐趣之一是自我发现，知道自己原来还有这样一些好东西。“我的教育生活”就承载着这样的使命。在这个快节奏的浮躁时代，读书逐渐成为奢侈，很多人都惊呼“时间去哪儿了”。如何让教师坚持阅读，让阅读成为操守？在我看来，内心的接受度和愉悦度决定了能走多久，能走多远。

花小有这样不成文的共识：除了共读书目有统一规定外，其余的阅读取决于个人的爱好，图书馆也会根据教师个人的需要购买书籍；每学期教师都可以自由选择喜欢的杂志报送至教科室，由学校统一出经费订阅。《读者》、《意林》、《读天下》、《微型小说选刊》、《莫愁》、《幽默与笑话》等，都可以，我们从不主张非要教育类书刊才可看，相反更鼓励教师博览群书，适当地看点“无用之书”。因为我们深知“水之积也不厚，则其负大舟也无力”，要成其大者，只有积水成渊，有容乃大。

在“读＋写”之外，我们还格外注重“读＋说”。学校规定每双周四是全校教师的学习日，以分年级组、定点的方式从下午三点至五点进行学习交流，其中主要是读书经验分享，并发现和推出好的经验。刘蕊老师是2016年刚毕业的苏州大学研究生，前不久在全体教师大会上作了微讲座——“我心中的那一方净土”。她回顾了高中、大学、读研时期及工作阶段的读书感受，从青涩年华的文学阅读到大学时候的求学阅读再到初为人师的专业阅读，读过张爱玲、林徽因、萧红、杨绛、梁实秋的文字，也读过钱穆的《中国文化史导论》、张岱年的《文化与哲学》、卢元镇的《体育社会学》、费孝通的《乡土中国》，到现在读陶行知、苏霍姆林斯基、皮亚杰等教育学家和心理学家的书。她说，读这些书就是为了“破格局”。就这样，通过“读＋说”的方式，我们不在乎上台者资历深浅，我们宣扬的是个体阅读的存在感和成就感，让阅读成为一种荣耀。正如刘蕊老师的导师常问的那句：“今天你读书了吗?”

周国平说:“有效的阅读是自我成长的过程,读大师的书是为了更好地走自己的路。一开始,你是大师的学生,越来越熟悉了,你会感觉大师也是你的朋友,所表达的正是你的心声。你的心灵中有若干位亦师亦友的大师,你会多么充实。有一天你发现,你已经变成一个更好的自己,阅读的最大收获莫过于此了。”在花小老师的心中常住着“学校无分数教育三部曲”中的阿莫老师,《好老师在这里》中的美玲老师,还有《第56号教室的奇迹》中的雷夫·艾斯奎斯老师……我相信心中常有,便会心向往之,久而久之就会成其一二。

现在越来越多的老师会对我说,通过阅读,发现原来还有这样的教育方式;用着用着,当老师也有乐趣多了。我想,这正是阅读的魅力,通过阅读,大师们唤醒了我们与生俱来但从没有意识到的美。这是一个精神成长的过程,一个自我发现的过程。蓦然回首,遇到一个更好的自己。

(徐建林　江苏省苏州市吴江经济技术开发区花港迎春小学　数学教师　教龄14年)

25. 我们“拆书帮”

阳春三月，草长莺飞，我们英语教师“拆书帮”又迎来了吴迎迎名师工作室组织的“拆书”活动。按活动组织者的说法：“拆书帮”是关于成人学习的方法论，提倡通过学习改变行为，在实践中把图书的知识转化为自己的能力。“拆书”具体是怎样拆法？阅读怎样才会转化为能力？想必老师们的脑海里已经浮现出了很多问题，且让我把这次活动的经历慢慢道来。

此次活动设在一个休闲茶座，桌上摆满了水果、点心，陆续到来的20位同行正忙着寒暄。活动主持人、特级教师Summer的开场白就是对“拆书”的解读：“拆书”就是把书的整个知识拆解掉，然后结合自身实际进行重构。拆书，不是为了拆解知识，而是要把知识拆解成能力。这个能力包括自主学习、独立思考的能力，发现问题、分析问题与解决问题的能力。“拆书”以“RIA”的形式进行：R就是reading，选择一个片段，大家共读；I就是interpretation，将所读内容与你已有的经验进行联结；A就是appropriation，将讨论中收获的经验，转化为自身的应用。

一、“拆书”进行时

图一　被“拆”的书:《以学习为中心的课堂观察》

这回我们共读的是夏雪梅著的《以学习为中心的课堂观察》,这本书符合时下流行的学本课堂理念,涵盖了大家比较关心的主题。书很厚,有 300 多页,共读时无法一一细读,我们只选读了其中的 4 个片段。Summer 老师充当着导读角色,带大家“拆书”。

1. 选择阅读,关注内容焦点

活动开始,Summer 老师让大家进行选择性阅读。“共读者”听从“拆书家”的指令,阅读指定的章节,读后把杯子前移以示完成。先读第 25 页至第 28 页,这个片段讲述的是“以学习为中心的课堂观察”的 4 个特征。接着共读的几个片段分别是关于课堂观察的内容、课堂观察的目标设定、课堂观察的工具等。Summer 老师要求大家阅读时适当做批注。每次读完之后,她都会强调书中的理论要点,并清晰地标在黑板上。

2. 交流观点,引导深度思维

Summer 老师先与老师们一起归纳了“以学习为中心的课堂观察”的四个特征:理解学生的学习;在真实自然的环境中;观察认知学习与其核心要素间的整体关系;基于学习证据推论学生的学习和教师的教学质量。

紧接着,Summer 老师窄化话题,进行第一次发问:“常听的优质公开课,是不是‘以学习为中心的课堂观察’?”老师们异口同声地给出了否定的回答。

Summer老师追问:"'以学习为中心的课堂观察'应基于什么?"

有老师回答是基于真实自然的环境,但公开课作秀成分比较多。回答基于学习证据的老师说,听公开课的时候会收集证据,但是收集的是老师的数据,只是记录教学流程,当试图去分析学生时,发现没有证据。

Summer老师总结道,公开课的共同特征是,作秀的成分比较多,不符合"真实自然的环境中"这一特征;教师们关注的还是教师的教,而非学生的学,教师进行的不是"以学习为中心的课堂观察"。

Summer老师再将话题转换为微格教室的观课。有些老师认为,它不是"以学习为中心"的课堂观察,教师坐得离学生很远,既看不清学生的面部表情细节,也不知道他们小组合作时交流的内容。教师完全不知道学生最真实的认知。但有位老师认为这种观察是"以学习为中心"的,她以母亲的身份在微格教室里密切观察过儿子的表情、参与度以及他是否喜欢老师、能否体验到更多的东西等。这位以母亲角色在微格教室里进行密切观察的老师的观点引起了大家的深思。大家认为,如果观察者不是母亲,而是早教机构的老板或是听课的老师,可能观察的态度也不一样。

3. 畅谈启示,交流切身感受

讨论之后,Summer老师要求老师们畅谈自己从共读中得到的启示。有些老师说,以后备课、上课,要从学生的角度出发,观察他们的一切活动。有些老师说,即使不能很细致地观察每一位学生,但也可以把学生视为自己的孩子,以观察自身孩子的视角去仔细研究学生的课堂行为。还有教师表示,以后上公开课,不要早早准备起来,就应该呈现最真实、最自然的一面,而非一味地表演,这样才能暴露问题,才能使教学得到改进。

最后Summer老师总结道:教师脑子里装的不是面目模糊的学生,而是一个个有个人色彩的学生。课堂观察时至少要关注有代表性的、能体现差异性的那些学生，包括优等生、中等生和后进生，这样才能深入分析和研究学生行为，更好地改进我们的教学。

第一环节的共读结束了，会所里响起了热烈的掌声。

二、“拆书”再思考

这次“拆书会”让我收获很多，对于如何组织教师进行有效的共读，思路渐渐清晰。

1. “拆书家”的专业化

要使教师摒弃固有的观念，需要专家的引领。阅读不仅是发生在一个人身上的行为，专家的引领会让“拆书”进程更有深度，因此这次“拆书”活动特地邀请了对“以学习为中心的课堂观察”颇有研究的 Summer 老师。虽然并非每次请来的都是高水平的专家，但只要对所共读的书比较有想法或有研究的，都可以成为“拆书家”。每个“拆书家”不一定承担全部导读任务，一场活动也可以有好几个“拆书家”。我就曾经和名师工作室的成员一起“拆”过《作业设计：基于学生心理机制的学习反馈》这本书，由每人认领一个自己较有想法的章节，分别负责导读。后来在与骨干研修班合作的“拆书”活动中，我又体会了一把“拆书家”的滋味。

2. “共读者”的互补性

阅读不仅要有专家引领，更要有同行的互动启发，这样可以让阅读更有力度。共读者的个性差异可以在交流时形成互补，让探讨显得多角度和多层次。这次“拆书”活动的共读者是 20 位英语教师，有男教师，也有女教师，有教龄长的，也有教龄短的，互补作用非常明显。“拆书”活动中，那位女教师以母亲的身份在微格教室里进行观察所形成的观点引起了大家的深思，尤其是更新了男教师的思维角度。当然男教师独特的思维对女教师也有启示，一位男教师提到他会邀请平时互动较好的学生，与之探讨教学的几个备选方案，让其帮忙选择，进而改进。这给了女老师启示：学生，尤其是高段的学生，有着很好的教学判断能力和评价老师的能力，可以当作一种有效的教学资源。

3. 阅读气氛的轻松化

休闲场所能缓和阅读的气氛，更容易激发教师的阅读兴趣，以及启迪教师的思维。摆满水果和点心的休闲茶座，使严肃正规的读书培训活动变得轻松愉悦。共读场所的情景设置可以借鉴某些图书馆和文学会所的布置，如用书架围成一片独立的圆形阅读区，放置类似软垫、沙包之类的柔软家饰，在墙上贴置读书海报，还有精美的灯光效果等。总之，共读场所要借鉴这些轻松化的情景设置，恰到好处地缓和阅读氛围，提升阅读兴趣。

三、后"拆书"阶段

教师专业阅读的最高境界，不是阅读了多少内容，而是在阅读的过程中收获对自身有用的信息，进而将其转化为一种能力，以改进教学。这也是教师读书的意义所在。通过共读者的思维与思维的碰撞，教师收获的已经不是一种现成的、肤浅的东西，而是一种深层思考的内容，并逐渐内化，从而有效地改进教学。

我在共读"目标设定的合理性"这一片段时收获最丰。之前教动词的第三人称单数时，我直接告诉学生：主语是"单三"(第三人称单数简称)，所以要在动词后面加"s"，例如在句子"He likes playing basketball."中，"like"后面要加"s"。自以为达成了教学目标。经历了"拆书会"的共读，我认识到：目标的达成需要学生经历一个有意义的学习探究过程，从而获得理想的结果。显然，之前的教学是由教师直接告诉学生第三人称的语法知识点，而并没有经历一个有意义的探究过程，因此事实上教学目标并没有达成。

再次教这块内容时，我改变了原来的教学方式：先创设介绍笔友的情境，出示笔友的日常生活，呈现“单三”形式的相关动词；接着引导学生通过读一读、看一看，发现规律并进行总结；最后创设情境，让学生运用语言。目标的达成变成了一个有意义的探究过程。我的教学观念的改变，带来了教学方法的变革和教学效果的提升，这都得益于这次“拆书”活动。

回顾“拆书”活动的“RIA”过程：选择性地 reading 书中的要点，利用 interpretation 将要点跟已有的经验进行联结，最后通过 appropriation 化为自己的东西进行使用。下阶段我还要参加“英语，爱‘拼’才会赢”拆书会，希望能通过拼读教学，找寻到学生英语学习的另一个突破口。也真心希望有更多的教师能够加入我们“拆书帮”，享受阅读的快乐时光，实现更好的专业成长。

（姜芳芳　浙江省温州市龙湾区永中第一小学　英语教师　教龄12年）

26. 主题式阅读

读书是提升教师文化内涵不可或缺的重要途径，爱好读书应该是教师的职业素养和习惯。然而，现实并非如此。除了规程、指南、教学参考书，教师一年到头很少阅读其他一些有助于专业成长的书，潜心读书成了一种罕见现象。那么，是什么阻碍了教师读书呢？我们曾对幼儿园的 38 位教师进行调查，结果发现：其中 42％的教师困惑不知该读什么书；70％的教师想读书却无法坚持，体会不到读书的快乐与幸福；15％的教师自认没有时间读书。我们思考，要唤起教师的读书兴趣，就应当为教师指引阅读的方向，并且提供互助式的陪伴。于是，幼儿园开展了“主题式阅读”活动，即建立读书小组，以教师的身边问题为切入点，确定一个阅读的主题，围绕主题开展各种形式的阅读与分享活动。

一、主题设计：多方面满足教师需求

本阶段的任务，是依据教师的困惑、现实需求和发展热点，确定教师阅读活动的主题。在这一阶段，我们组建阅读小组，营造“我要阅读”的氛围，组织教师集思广益设计阅读活动的方案。具体做法是通过对教师进行阅读的前测调查、召开教师代表座谈会、咨询专家等途径，寻找阅读的主题，然后讨论确定阅读主题，制定活动方案，举行“主题式阅读”活动启动仪式。

案例一：集思广益定方案

在“主题式阅读”活动启动仪式上，幼儿园公布了依据前期调查、访谈结果制定的三个阅读主题：“品质教育”、“幸福生活”、“快乐工作”，请教师们自主选择感兴趣的阅读小组参与活动，开展“头脑风暴式”的方案研讨活动。

教师A：我们选择的阅读主题是“品质教育”；阅读小组的组名和口号，要能体现我们的阅读主题、阅读理念，比如组名“童心组”，口号“品质教育，快乐童年”；还要选出一位组长。

教师B：我同意，还可以先根据主题内容设计一份阅读书单，大家推荐一些相关的书籍或者文章，可以设定必读书与自选书，大家根据需求与兴趣进行阅读。

教师C：我们的阅读主题与工作实际密切相关，阅读材料的选择一定要对工作有实际的指导意义。

教师D：我们的阅读活动要开展得有趣些，一般为阅读实体书，也可以有网络阅读。其实阅读就是一种信息的输入，信息输入的方式是多种多样的，可以是看书、浏览网页、阅读微信文章，还可以是观看视频演讲等。

……

在阅读小组的第一次活动中，老师们要在规定时间内完成三项任务：一是为阅读小组取一个优雅的组名，推选组长；二是提出一个代表小组成员阅读理念的口号；三是制定一份阅读活动方案，书写并做好汇报。因为阅读主题来源于教师的实际需求，涉及范围比较广泛，指向教师工作、生活、专业发展等多个维度，考虑到了教师的个体差异、发展层次性，且由教师自主选择，所以激发了教师的参与兴趣和主动性。活动营造了一种"我要读书"的氛围，教师们能集思广益地参与研讨，饶有兴趣地走入了"主题式阅读"活动。

二、主题阅读：多渠道实现信息输入

本阶段的任务是做好三个结合，即个体阅读与集体阅读相结合，书本阅读与网上阅读相结合，文本阅读与视听阅读相结合，多形式、多路径、多材料地开展阅读活动。具体工作是建立阅读活动督查制度，保障"主题式阅读"活动的持续开展（见图一）。

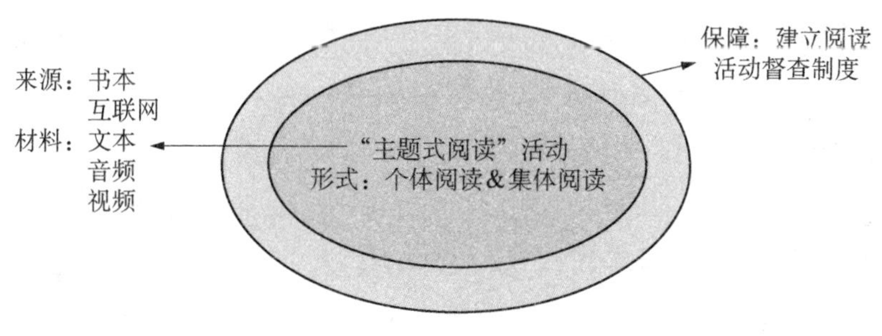

图一 "主题式阅读"活动示意图

案例二：各种形式的阅读活动

场景一：文本阅读。阅览室中教师们舒适地坐在沙发上，翻阅着《幼儿教育》、《上海托幼》等杂志。

场景二：音频阅读。午休时间，教师A正戴着耳机倾听李志军教授的演讲——“周恩来的人格魅力”，那是从“百家讲坛大全”这款手机App上下载的《在清华听演讲》中的一篇。

场景三：视频阅读。活动室里，老师们正围坐在一起，观看演讲“教育的意义”，视频中董仲蠡老师正激情讲述着：“教育就是帮助我们个人认知自己，帮助这个民族认知自己，我们才有可能掌握个人的命运，并且创造这个国家的未来……”听完董老师的一席话，老师们热烈地鼓起掌来。

阅读就是信息的输入，信息输入的路径可以有多种，如果输入的路径越多，调动的器官越多，那么感受体验自然也就越多。因此，在“主题式阅读”活动开展的过程中，幼儿园鼓励阅读小组开展多种材料、多种路径、多种形式的阅读活动，打开多种通道来输入信息。这样的方式很受教师们的欢迎，让阅读活动变得生动，使老师们的体验感受也更丰富。此外，为了保障“主题式阅读”活动的持续开展，幼儿园建立了阅读活动督查制度，要求阅读小组通过发布活动“美篇”等形式，呈现阅读小组的活动进程，包括活动次数、阅读数量与质量等。

三、主题分享：多平台实现信息输出

本阶段的任务是开展日常交流、分组交流、集中展示三个不同层次的阅读分享活动，满足所有教师阅读后交流的需要，实现集体学习、共同成长的目的。我们运用读而诵、读而思、读而悟、悟而述等方式，层层推进阅读分享活动（见图二）。

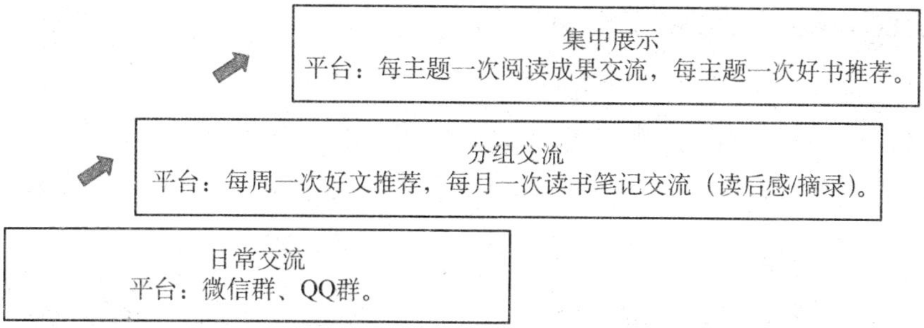

集中展示
平台：每主题一次阅读成果交流，每主题一次好书推荐。

分组交流
平台：每周一次好文推荐，每月一次读书笔记交流（读后感/摘录）。

日常交流
平台：微信群、QQ群。

图二 “主题分享”阶段操作图

这阶段主要是要扩大阅读交流，引导教师提炼阅读活动成果。一方面要满足教师信息输出的需求；另一方面又要构建新的信息输入路径，激发教师的阅读共鸣，实现理论联系实际的目标，通过同伴交流促进阅读活动的深入开展。

读而诵，就是鼓励教师将读书时摘录的佳句、美文，以朗读的方式与同伴分享。案例三展示的就是“一周好文推荐”。这样一方面，促使推荐者更深入地理解自己推荐的文章；另一方面，与倾听者分享作品精华，交流阅读心得，以及促进思考。

案例三：一周好文推荐

教师A：今天我为大家进行好文推荐，题目是《孩子摔伤以后……》。一次，大班的一位老师组织幼儿户外活动，西西在玩跳绳，明明正巧踩在跳绳上，西西一收绳子，明明一下子摔倒在地，磕破了下巴……

我推荐的理由是，这篇文章清楚地阐述了发生事故后该怎样做好家长工作。幼儿教师和管理者需要保持清醒头脑，要以日常高质量的工作与服务为基础，以真诚的情感、恰当的方式及策略去解决家长工作中的难题……

案例四：读书笔记交流

这次我选择阅读的文章是《区域活动中的规则与自主》。因为区域活动是我们一直开展的自主活动之一，选读这篇文章，一是希望能学习写论文的技巧；二是希望能在文章中学到好的组织经验，共促幼儿的发展……总之，写好教育论文首先“要有实践的基础和经验的积累”。我想这就需要我有一双发现的眼睛，在生活中多去观察孩子们，捕捉孩子们生活中有趣、有教育价值的事情，为写教育论文积累资料。

——摘自教师读书笔记《取长补短　相得益彰》

本月看了三篇论文，一篇是《大班幼儿辩论活动的组织与实施策略》，一篇是《区域活动中的规则与自主》，还有一篇是《语言区的建设与活动指导》。内容都是我们所熟悉的领域，所以撰写论文的材料就在我们身边，就在我们与孩子一起生活成长的点滴中。只要我用心发现，就能找到适合的点作为撰写的主题。

在细细读题中，我又发现这几篇论文标题具有一定的指向性，如《大班幼儿辩论活动的组织与实施策略》，突出了大班幼儿、辩论活动、组织与策略，标题中既讲出了内容的信息，又点出了撰写的重点，读着论文的标题似乎已经能够清晰地了解整篇文章的架构了。

——摘自教师读书笔记《论文撰写之我见》

读而思，读而悟，悟而述。独学而无友，则孤陋而寡闻。我们鼓励教师将读书的感悟写下来并讲给同伴听。萧伯纳说，你有一个苹果，我有一个苹果，我们交换一下，我们仍然是各有一个苹果；但是，你有一个思想，我也有一个思想，我们交换一下，我们就都有了两个思想。这些读书笔记通过幼儿园的微信平台发布，还在读书笔记交流会上现场交流。教师们在向书本学习的同时，也与同伴分享感悟、交换思想，遇到共鸣处还会感到“英雄所见略同”，在阅读中感受到同伴的支持与鼓励。

“主题式阅读”活动开展近一年，营造了大家一起读书的良好氛围。从“快乐工作”到“品质教育”、“幸福生活”、“家园合作”……我们已经分层开展了六个阅读主题的活动，这期间，教师们阅读了近十本书，共撰写了约三百篇读书笔记及教学反思。现在，教师们每月都坚持撰写读书笔记与教学反思各一篇，阅读逐渐成为一种习惯，大家一起体味着阅读中渗透的那份快乐。教师们还努力将学习内容与工作实践相结合，把学习内容转化积淀为自己的综合素养和创造能力，使专业发展水平有了显著的提升。大家在阅读中经历成长，体验快乐，更多了一份超越自我的期盼。

（翁晓霞　章九英　浙江省湖州市南浔镇中心幼儿园　幼儿教师　教龄 18 年/28 年）

27. 让我们一起朗读吧

“你多久没有朗读了?”

我想,很久了吧。

继《中国诗词大会》之后,央视文化类节目《朗读者》以其“高而不冷”的文化格调、温暖厚重的人文情怀,赢得了超高口碑,被誉为“综艺清流”,捕获了一批又一批的“自来水粉丝”,引发了人们对读书、对文学、对情感、对人生的讨论。

于是,在幼儿园工作的闲暇时间里,经常会听到我们的老师、保育员们对这档节目的热烈讨论。节目中朗读的嘉宾、朗读的内容、知性的主持等都成了大家茶余饭后的热门话题。更有用心的老师,在自己班级的微信群里发起了“亲子微朗读”活动,鼓励孩子、家长用视频或者语音的方式,分享各自讲述的故事、朗诵的诗歌,渐渐掀起了一股小小的朗读热潮。

这一现象不由引发了我们的思考:能否将当下的社会文化热点与我园的团队文化建设连接起来,提升教师队伍的内涵建设?不仅如此,是否还可以与我园的

“大阅读”课程特色和党团支部工作“汇集成河”，共同推动幼儿园的特色构建？

经过我园党团支部的认真商讨、集思广益、潜心策划，“留云朗读者”活动应运而生——由党团员教师先行，用教师们喜闻乐见且简便可行的“朗读”方式，鼓励并带动全园教师积极参与读书活动。由此，“朗读者”活动的园本化实践拉开了序幕。

一、留云朗读者之“为何读”

朗读，不仅仅是用声音传递文字，还应该成为一种推动专业发展、团队建设、正能量传递、书香氛围营造的力量。要充分利用这种有声的力量鼓舞青年教师们形成积极向上的精神风貌，从书中寻找更多教书育人的智慧，从书中读到更多舒缓工作压力的良方。

朗读，不仅仅是一种读书的形式，还应该成为了解彼此、走近彼此的情感桥梁。平时虽然同在一个单位共事，但彼此间多限于工作方面的沟通，同事间缺乏深入的了解和交流。通过朗读社团内个人故事的分享和直抵内心的交流，拉近了彼此间的距离，增加了团队凝聚力。

由此我们达成了共识：留云朗读者，必须为“人”而读。每一位走上“留云朗读者”舞台的教师，都将还原成一个平实而本真的“我”，不去强调“我会读”，而是突出“我要读”。

我们通过微信问卷、个别访谈等形式，对全园青年教师进行了前期的调研。调查结果显示，青年教师普遍表示愿意参加“留云朗读者”活动，愿意参加现场朗读。大家一致认同这样的活动是有价值的，有助于提升自身的文化涵养和专业水平，增强教师团队的凝聚力。与此同时，调查结果也显示，我园青年教师的阅读状态并不理想，呈现出几大特征：(1)教师收入越来越多，买书消费越来越少；(2)浅读粗读越来越多,深读细读越来越少;(3)功利性读书越来越多,自发性阅读越来越少。

基于以上调研结果,我们认为,“留云朗读者”的宗旨“为人而读”应具体体现在:点燃我园青年教师的阅读热情,逐步营造良好的阅读氛围。

二、留云朗读者之“读什么”

每个人都有朗读的原动力,能被朗读的文本,一定是美文,是抒情的或智慧的文字,不然是无法朗读的。我们始终觉得“读什么”固然重要,但更重要的是为什么要读这段文字,这段文字会和我们产生怎样的共鸣。说到底,我们的“留云朗读者”想做的是从文字出发,走向情感和生命体验,将团队里的每个人连接成一张具有文化张力的网。

1. 拿来主义,征集主题

新手起步,聪明的老师们先模仿电视节目《朗读者》中每期一个主题的形式,在园内发起了“留云朗读者”朗读主题词的征集。借助集体的智慧,我们收集到了“选择”、“坚持”、“勇敢”、“成长”等主题词,既有丰富的内涵,又契合我园青年教师队伍的特质。有了主题词,朗读者就更容易聚焦话题,每个人都有故事分享,并有目的地去选择朗读的内容。

2. 收集故事,选择内容

“留云朗读者”的魅力并不仅仅在于朗读本身,每位教师在朗读之前围绕每一期的主题词分享的个人故事与情感,同样引人入胜。比如我们的王佳旎老师,分享了70年代父母浪漫的爱情马拉松故事,在那样的年代,那份执着和投入显得尤为珍贵。我们最年轻的严佳惠老师,分享了自己最崇拜的大师——凡·高的成长故事,让我们读到一位新教师内心深处对成功的渴望,对事业的追求和理想。拥有一对双胞胎儿子的陈喆老师，分享了龙应台的《目送》，将自己对一双宝贝健康快乐成长的美好期许寄托在了深情的朗读中……

朗读者读的是一篇篇名著、美文，流露的是每个人最真实、最纯净的情感。每个人分享的故事，并非简单的过往经历，而是镌刻着情感和生活内涵的精神篇章。大家都用自己的朗读、用最真挚的情感征服了聆听的老师，也带给我们每个人无限的感动、温暖和思考，像涓涓细流，在不经意间进入我们每个人的心田。

文字原本只是平面符号，但当文字所承载的意义与读者产生共鸣时，平面的文字瞬间变成了多维的立体空间。所以当老舍、巴金、冰心、莎士比亚、海明威等东西方作家的经典文学作品被朗读出来的时候，台下的老师们没有产生丝毫的距离感，文字所创造的精神世界和听者的精神世界遥相呼应，善良、正直、勇敢、进取、奉献、尊重等人类最宝贵的品质和流传至今的文字融合在一起，一次次给予我们力量，震撼我们的灵魂。

三、留云朗读者之“怎么读”

传统的朗诵会、名家朗诵等形式在剧场已经存在很多年了，在很多主题晚会上我们也能看到一些诗朗诵，但是往往比较难以引发强烈的共鸣。这些朗诵活动，大多“技巧”多于“感情”，不符合现代受众的审美习惯及文化需求。

因此，我们的“留云朗读者”一定要把朗读者的情感、写作者的思想和听众的感受和谐统一起来。于是我们巧妙借用《朗读者》中“访谈＋朗读”的模式，把文字和朗读者个人的生命体验融为一体，让故事的情绪在到达一个需要借文抒怀的时刻顺势而出，从而最大化地实现经典文学作品的传播和感化功能。

1. 创设场景，营造氛围

不需要很炫丽的舞台，大家围坐在一起，台前一张桌子、两把椅子，就是全部的道具。一本书、一个人，一段文章、一个故事，喜怒哀乐，全靠朗读者的把握和拿捏。

2. 图文结合，情景交融

朗读时，配以大屏幕的文字画面，使人更关注朗读的内容，全神贯注地聆听、阅读，深化理解；再为朗读配上舒缓的背景音乐，带着朗读者和倾听者一起进入一个全新的世界，营造阅读氛围，引发情感共鸣。

3. 线上线下，融合贯穿

为了能够持续激发教师们分享读书心得的兴趣，我们还从线下走到线上，利用微信平台实现阅读共享。“留云朗读者”社团的成员们积极地在教师微信群里发帖，召集同读过一本书的老师们进行共读分享，畅谈各自的阅读感受与心得体会，阅读正慢慢成为留云教师的自觉行动。

四、留云朗读者之“一起读”

我们通过自己大胆的实践，使“为何读”、“读什么”、“怎么读”这三个关键问题的答案逐渐清晰起来。经过全体留云人的努力，第一轮“留云朗读者”活动试运行获得了全园教师的一致肯定，大家纷纷觉得这样的朗读活动，看似“张口就来”，却极大地激发了青年教师自主阅读的兴趣和欲望，让每一位教师接受了一场文化“洗礼”；更重要的是，触动了每个人心尖最柔软的地方，拉近了心与心之间的距离，彼此间感觉更亲近了。

随着第二、第三轮“留云朗读者”活动的启动，园内越来越多的青年教师主动来报名参加。教工之家阅读区逐渐热闹起来了，图书借阅的记录本上开始出现了长长的记录；教室图书角里的图画书也愈发多起来了，孩子们也在老师的带动下，开启了每天“阅读十分”的美好时光……

在聆听、收集了来自老师们的意见之后，我们又有了新的思考。

我们将整理“留云朗读者”现场朗读书单，由幼儿园专门出资订购，全部投放到教师阅读室内，供大家自由借阅。

我们将制作“留云朗读者”视频，每次活动时进行现场录制与后期剪辑，在微信公众号上及时推送，让朗读的声音传播得更远、更广。

我们将丰富“留云朗读者”的参与对象与朗读形式，从教师逐渐扩展到后勤三大员、家长及幼儿等，从一个人的舞台逐渐拓展到亲子、同事等结伴式的共读，让更多的留云人能尽情享受读书活动的美好……

当下许多风行的阅读公众号、听书软件，让我们看到了老师们的文化需求，并坚定了开展“留云朗读者”活动的信心。事实证明，即使在碎片化时代，安静的阅读和认真的聆听也从未远去。朗读，是一种学习的方法，但更多时候，也是传播思想、传递情感、传承精神的一种手段。通过这种润物细无声的方式成风化人，也正是我们“留云朗读者”读书社团的初心。

“好雨知时节，当春乃发生。”留云朗读者，从初春的第一场雨开始酝酿，在阳春三月和全园教师首次遇见。朗读，如春雨润物，滋润着留云人的精神花园，让阅读的种子在所有留云人的心中生根发芽。

来，让我们一起朗读吧！

（王小菁　上海市嘉定区留云幼儿园　园长　教龄 20 年）

体验

教师读书的30种体验

第六章
大数据指点迷津

实证研究是当今国际教育研究的主流话语和主要方法，与之相比，我国的教育实证研究明显落后，教育学术期刊发表的实证性研究论文，还不到论文总数的十分之一。加强和改进教育实证研究，是中国教育研究的当务之急。

——袁振国 《中国教育需要实证研究》

28. 松江区农村幼儿园教师专业阅读现状调查

一、引　言

专业阅读是指教师阅读与教育教学相关的报纸、杂志、专著等，是围绕教育教学实践的研究，指向专业能力和素养的提升。[①]幼儿教育是一门专业，幼儿园教师的专业化对提升学前教育质量有着重要的意义。农村幼儿园教师是幼儿教师队伍中一类比较特殊的群体：一方面，他们在资源相对缺乏的环境中工作，属于幼儿教师队伍中的弱势群体，相对于城区教师，他们的专业发展可能比较受限制；另一方面，他们为数众多，担负着本区域内大量的学前教育工作。农村幼儿园教师的专业阅读状况，对推动区域学前教育的发展有着重要的意义。笔者就农村幼儿园教师阅读状况进行了调查与研究，试图发现农村幼儿园教师阅读中存在的问题，并提出合理的阅读建议。

二、研究设计

（一）研究方法与内容

研究主要使用问卷调查法和访谈法。问卷由笔者自行设计，并采用德尔菲法请熟悉该课题的9位专家对问卷设计进行了论证。问卷共26道题目，内容包括：教师个人的基本信息，教师专业阅读的认知、动机、兴趣、态度，专业阅读的时间、类型、方法、习惯，专业阅读的资源、环境等。

（二）调查对象与时间

松江区2016学年共有51所公办园，其中有25所为农村幼儿园；全区幼儿园教师共计1 713名，其中722名教师在农村幼儿园任教，农村幼儿园教师占全区幼儿园教师总人数的42.1%。本次调查兼顾农村幼儿园所在地域和幼儿园级别差异，从全区25所农村幼儿园中选择1所一级幼儿园和5所二级幼儿园，共6所农村幼儿园的187名教师作为调研对象。抽样人数占全区幼儿园教师总人数的10.9%，占全区农村幼儿园教师总人数的25.9%。本次调查于2017年5月进行，共发放问卷187份，回收187份，有效问卷187份，问卷回收率和有效率皆为100%。

三、调查结果与分析

（一）调查对象的基本信息

数据显示，松江区农村幼儿园教师队伍呈现明显的年轻化结构，在187名教师中，30岁以下的教师占79.1%，半数教师的教龄在5年以内。在性别构成上，男性教师人数明显少于女性教师，仅占 3.2%，这个数据与当前幼儿园男女教师比例严重失衡的现状是相符的。学历构成上，大专学历的教师占 5.6%，本科学历的教师占 83.2%，研究生学历的教师占 11.2%。职称构成上，二级教师最多，大于半数；一级教师占三成左右；未定级教师占 12.8%；高级教师仅占 1.6%。教师类别构成上，骨干教师数量较少，区级骨干教师仅占 6.9%。职务构成上，一线教师占 85.6%，中层干部占 9.1%，校级干部占 5.3%。在幼儿园级别上，来自一级园的教师相对较少，占 25.1%。

（二）农村幼儿园教师专业阅读的基本情况

1. 专业阅读的认知

良好的认知是成功的开始，当教师能认识到阅读对自身发展的价值时，才会愿意去阅读。[②] 从调查结果来看：农村幼儿园教师对专业阅读促进教师专业化发展价值的认知程度较高，大部分教师认为专业阅读非常有价值，其中尤以具有高

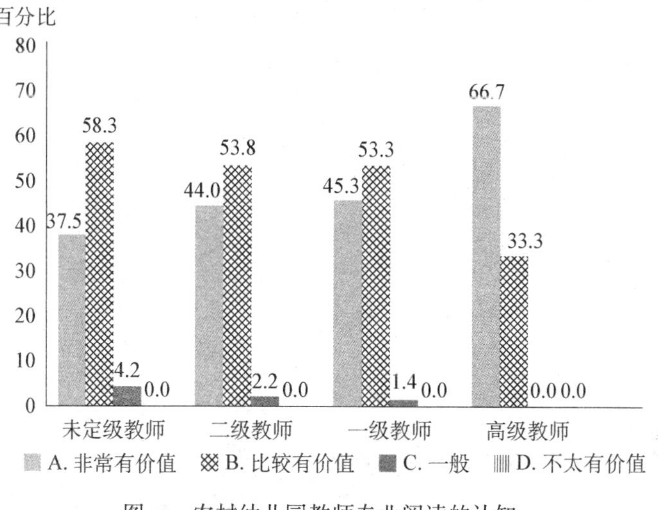

图一　农村幼儿园教师专业阅读的认知

级职称的教师为甚(见图一)。访谈中,所有的教师都能说出专业阅读的价值。如有一位高级教师回答说:"专业阅读可以帮助我们提升教育理念和教学能力,有效地解决教学中的困难。"还有一位青年教师则说:"专业阅读有助于将一些实践经验提升到理论的高度,为实践提供科学的理论支柱。"为何农村幼儿园教师对专业阅读的价值有如此充分的认知呢? 一位校级干部道出了其中的原因:"近年来,松江区教育管理部门重视教师阅读,开展了广泛的阅读宣传,有效提高了教师对阅读价值的认知度。"

2. 专业阅读的兴趣

教师对阅读是否有兴趣,直接影响教师阅读的质量。调查结果显示:农村幼儿园教师普遍表示比较喜欢阅读(见图二)。有位青年教师表示:"如果有时间,我还是比较愿意看专业书的。"还有位新教师说道:"我们幼儿园的领导非常重视阅读,还举办了阅读节、读书节、读书心得交流与评比等活动。通过这些活动,我感觉慢慢有点喜欢阅读专业书了。"一位中年教师表示:近几年,越来越多的农村幼儿园认识到教师阅读的重要性,开始把读书作为拓宽教师专业化发展道路的重要手段,开展了多样的活动,提高了教师的阅读兴趣。

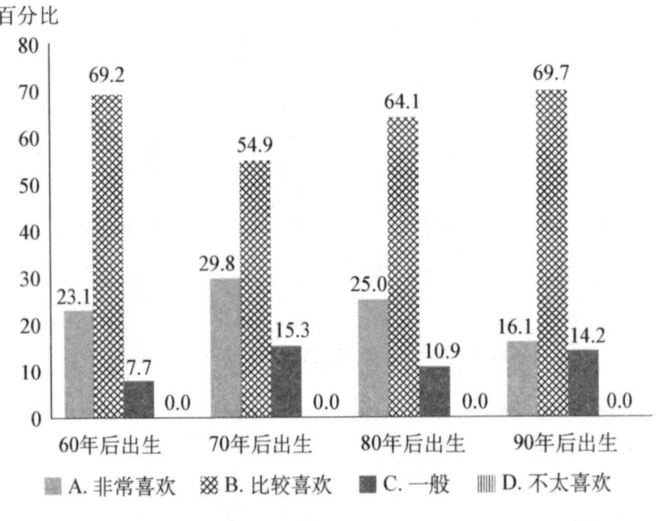

图二　农村幼儿园教师专业阅读的兴趣

3. 专业阅读的资源

阅读资源是教师阅读的物质基础，阅读资源是否丰富影响着教师阅读的品质。调查显示：不管是一级园还是二级园，超过半数的农村幼儿园教师认为专业阅读材料比较丰富(见图三)。在访谈中，有位年轻教师表示："我们幼儿园的阅览室图书还是非常丰富的，不仅有各种教育期刊，还有教育家的专著，而且阅读室的环境也布置得很温馨。"另一位中层干部则说："我觉得教育局购买的'知网'太好了，里面的资料非常多。"通过进一步访谈发现，农村幼儿园专业阅读资源之所以如此丰富，是因为：一方面，区域教育行政部门非常重视教师阅读，不仅花费大价钱购买了电子书库，而且设立专项经费供幼儿园购置图书用；另一方面，农村幼儿园自身也积极订购专业书刊，建设图书馆和阅览室，有的幼儿园还定期组织教师推荐好的书目，然后由幼儿园出资集中购买。

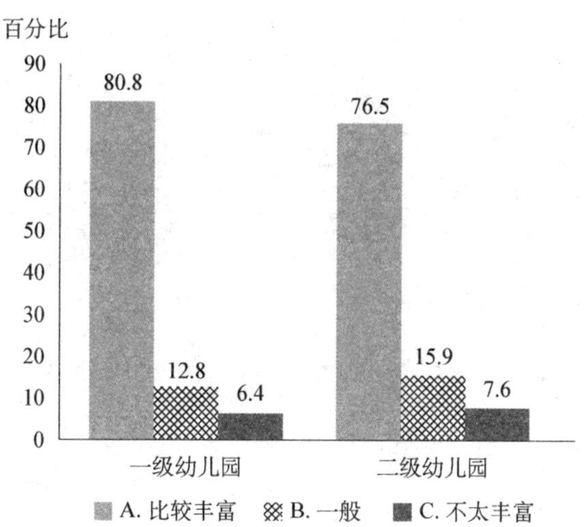

图三　农村幼儿园教师对专业阅读资源提供情况的认知

4. 专业阅读的成效

教师是否能用读到的专业理论来指导教学实践和研究可以直接反映出教

师阅读的成效。[③]从调查结果来看，农村幼儿园教师普遍表示，通过专业阅读自己的科研能力得到了提高，其中尤以区级骨干教师为甚（见图四）。还有部分教师认为通过专业阅读，自己的学科知识得到了丰富，教学观念得到了转变，教学能力得到了提高。在进一步访谈中，有一位骨干教师表示："我们松江区的教育局组织多样的区级课题申请、校级教科研成果评比等活动，激发了农村幼儿园教师开展课题研究的热情，从而有力推动了教师的专业阅读。"有位青年教师也说："我们幼儿园积极发动青年教师参加区级论文评比活动，我的论文获得了区三等奖。在这过程中我认真阅读了许多专业文章，感觉自己的论文撰写水平有了很大的提升。"

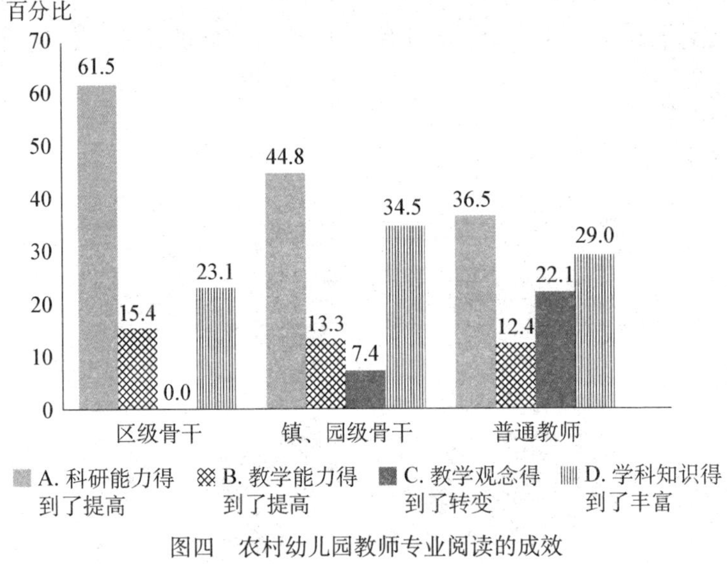

图四　农村幼儿园教师专业阅读的成效

(三) 农村幼儿园教师专业阅读存在的主要问题与分析

1. 专业阅读的观念偏颇，专业阅读的动机功利

教师的阅读观念和动机直接影响其阅读行为，阅读观念和动机过于功利会导

致阅读主动性缺乏。[④]教师作为人类文明的传承者，应该树立终身与书为伴，终身学习的观念。调查结果显示：农村幼儿园教师专业阅读的动机普遍具有功利性，大多为了评职称或完成学校布置的任务进行阅读（见图五）。通过进一步的访谈发现，之所以产生这种现象，主要是因为：一部分农村幼儿园教师的职业情意偏低，缺少工作热情，仅将教师看作是一项谋生的职业。有位青年教师就说："我们一天 8 小时在幼儿园工作，如果回家还要看专业书的话，那我们就没有自己的生活了。"还有一部分农村幼儿园教师的专业发展意识淡薄，缺少明确的职业生涯规划，对于自己将来的发展方向以及奋进目标没有追求。一位教师这样说道："读不读书，读多少书，对我的工作没有影响，本科学到的知识和理论教幼儿园的孩子已经足够了，反正我也不希望成为名师。"

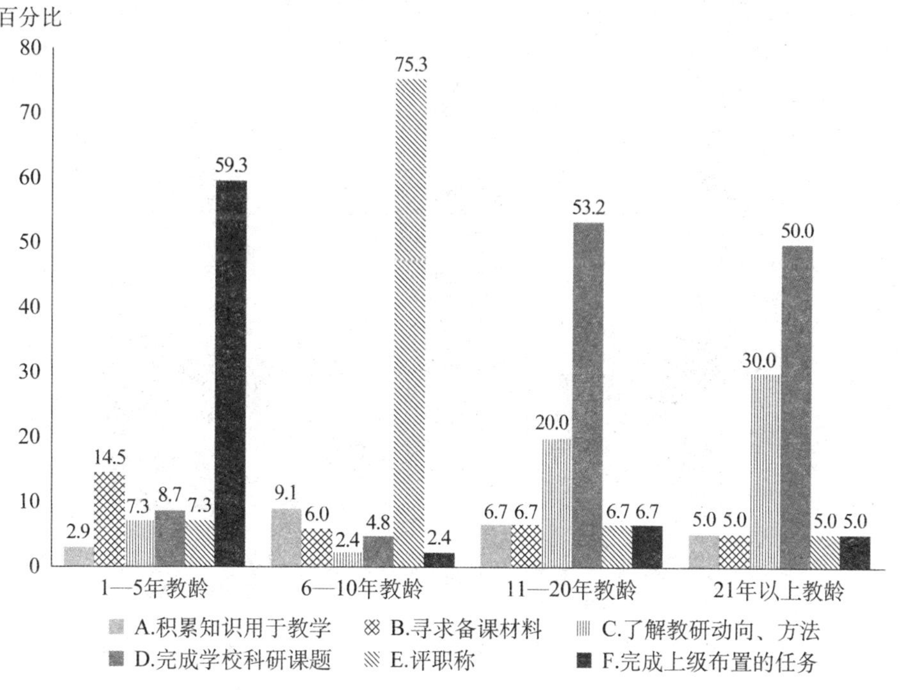

图五　农村幼儿园教师专业阅读的观念与动机

2. 专业阅读的时间不足，专业阅读的态度被动

主动自觉地进行阅读活动，是教师专业化发展的重要途径。[5] 从调查结果来看，目前农村幼儿园教师对专业阅读的态度普遍比较被动，教师缺乏自觉阅读的意识，基本不会主动抽时间阅读。大多数农村幼儿园教师不论是时间投入，还是精力、财力的投入都很少，其中以中层干部为甚，校级干部次之(见图六)。访谈中，有位青年教师说："平时幼儿园事务性工作很多，我根本没时间看书；回到家后，我也经常抵不住电视剧的诱惑，所以看专业书的时间就被严重地压缩了。"另外一位校级干部也表示："虽然平时教师的工作时间紧，但还不至于没有时间读书，关键是愿不愿意花时间读书，遗憾的是老师们的自我约束能力欠缺，往往把剩余的时间花在电脑、电视上。"

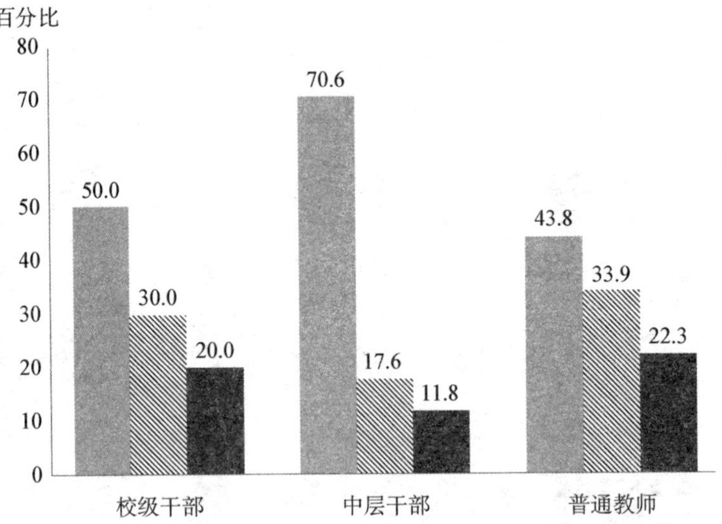

图六 农村幼儿园教师专业阅读的时间与态度

3. 专业阅读的类型偏少，专业阅读的层次较浅

教师专业阅读的类型会影响阅读的深度和知识结构的完整性。完整的教师的知识结构包括专业知识、教育理论和人文视野二个板块，教师要成功地完成教学，需要构建完整的知识结构。调查结果显示：农村幼儿园教师专业阅读的类型偏少、内容偏窄，大多数教师只阅读与课堂教学直接相关的教学参考书，阅读教育专业期刊的较少，基本不读教育经典、教育理论专著（见图七）。这必将会影响教师站在更高、更深的角度判断教育中的问题，也不利于教师应对教育过程中产生的各种情况。在进一步的访谈中，一位普通教师表示："我平时不太看那些教育专业书刊，因为我觉得看了也没用，对我自己的工作帮助不大。"还有一位中年教师这样描述："我们也知道作为幼儿教师，应该要学些教育理论，但是这些理论书篇幅都太长了，文字又很深奥，看不太懂。"

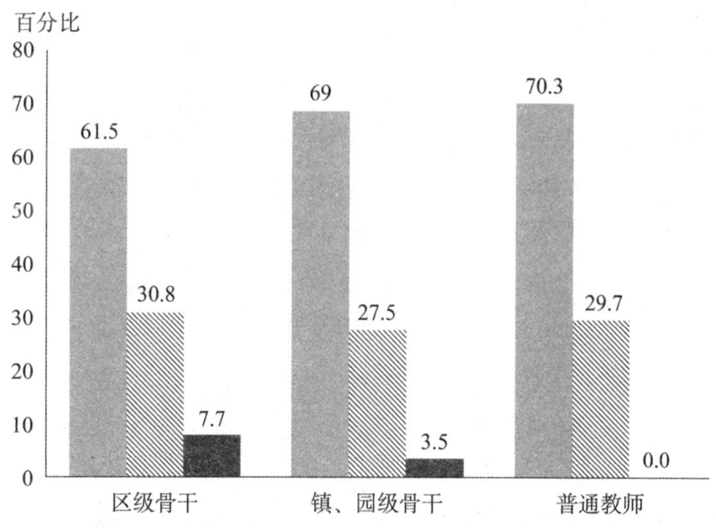

图七　农村幼儿园教师专业阅读的类型与层次

4. 专业阅读的方法欠佳，专业阅读的习惯缺乏

良好的阅读方法，对于提高阅读效率和品质能起到事半功倍的作用。从调查结果来看，不同教龄的教师在专业阅读的方法和习惯上存在相似的问题。比如在1－5年教龄教师群体中，只有6.0％的教师有明确的专业阅读计划和清单，只有11.6％的教师在阅读时会做摘录和笔记，只有13％的教师每天会挤出时间进行专业阅读。因此，总体而言，农村幼儿园教师专业阅读的方法欠佳，没有深入思考，依然停留在浅阅读层次，而且基本没有形成专业阅读的习惯。访谈中问及原因，有位青年教师说道："我们幼儿园虽然开展过很多阅读活动，但是大多数是进行读书心得交流活动。幼儿园没有开展过阅读方法方面的指导，所以我们都不知道什么是正确的阅读方法。"还有位教师说："我从来不知道看书前要制订阅读计划，我们幼儿园的领导也从来没有进行过这方面的指导。"

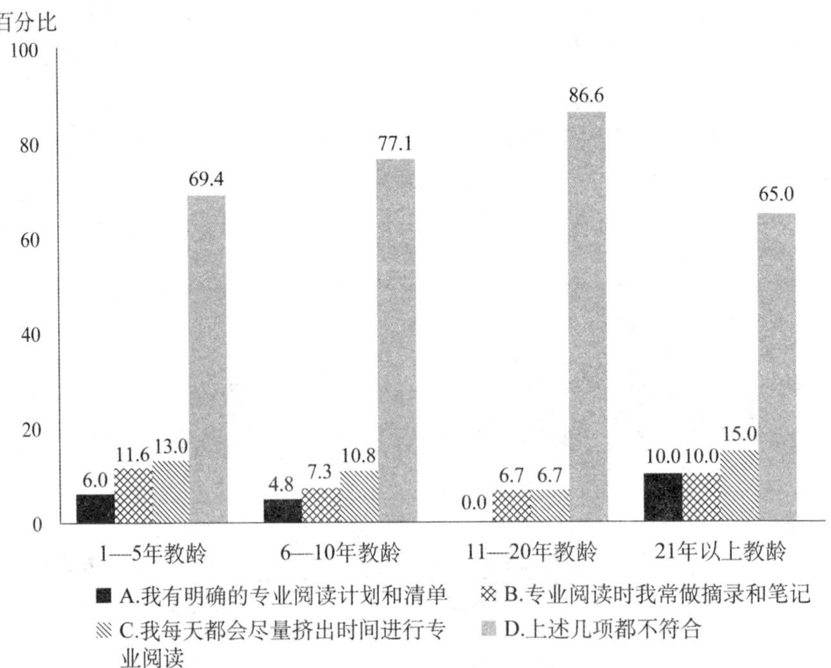

图八　农村幼儿园教师专业阅读的方法与习惯

四、结论与建议

(一) 结论

根据调查结果与分析，松江区农村幼儿园教师专业阅读的现状如下。

一方面，松江区农村幼儿园教师的专业阅读呈现出一些良好的态势：(1)专业阅读的认知到位，教师能充分认识到专业阅读的价值；(2)专业阅读的兴趣较浓，大部分教师表示喜爱阅读专业书籍；(3)专业阅读的资源丰富，相关部门和学校非常重视阅读资源的提供；(4)专业阅读的成效较好，教师通过专业阅读提高了科研能力，丰富了学科知识。

另一方面，松江区农村幼儿园教师的专业阅读还存在一些问题：(1)专业阅读的观念偏颇、动机功利：教师没有职业热情，阅读大多为了评职称或完成任务；(2)专业阅读的时间不足、态度被动：教师很少会主动挤出时间阅读；(3)专业阅读的类型偏少、层次偏低：教师仅阅读教学参考用书，很少阅读教育专业期刊，基本不读教育理论专著；(4)专业阅读的方法欠佳、习惯缺乏：教师的专业阅读无计划，少记录，不定时。

(二) 建议

1. 提高职业情意，树立正确阅读观念

阅读的观念决定着一个人阅读的动机、取向和内容，也决定着阅读的质量。[⑥]本次研究发现：部分农村幼儿园教师职业情意较低，只把教师职业当成养家糊口的工作，导致其专业阅读的观念偏颇；还有部分教师对自己的专业发展没有追求，将专业阅读视作可有可无的东西，阅读或是为了完成上级交代的任务、评职称，或是迫于教学直接的需要。因此，只有提高教师的职业情意，才能让其克服困难，发自内心地进行专业阅读以提升自我专业素养。为此，农村幼儿园应有相关的组织和机制建设，及时对教师进行职业引领[7]，如邀请优秀教师分享交流“我和孩子的故事”，组织教师开展“我身边的好老师”等交流活动，帮助教师逐渐体会到与孩子生活在一起的幸福感，用好老师的故事激励、激发教师对本职业的热爱之情，提高教师的职业认同感。同时，指导教师制定清晰而长远的职业生涯规划，鼓励教师制定合适的专业发展目标，明确自己的发展方向与奋进目标。

2. 激发阅读热情，培养主动阅读态度

约翰·洛克在《教育漫话》中指出：人们之所以没有学会一件以上的技艺，原因是不去努力，而不是没有闲暇。[8]本次调查发现，农村幼儿园教师阅读态度被动，很少会主动挤出时间进行专业阅读。而解决该问题的关键在于激发教师的阅读积极性，让教师产生阅读效能感。为此，建议农村幼儿园园长关注以下三点：首先，园长带头阅读，用自身的行为激励和带动教师阅读。[9]其次，建立奖励制度。采用“榜样激励”，促使教师向先进看齐；运用“荣誉激励”，给先进者发奖状、授予称号等，激励教师积极主动阅读。其三，注重集体阅读、集体分享。在园内建立教师读书会、读书沙龙，定期组织开展“通过一本书”和“读书分享会”等活动，让教师在交流与碰撞中体验集体读书与研究的乐趣。此外，园长还应为教师创设各种平台进行阅读成果展示，帮助教师变被动阅读为主动阅读，如在网络上开辟阅读专栏，进行优秀读后感、教育随笔的展示，还可定期选择优秀的阅读成果集结成册、整理成书正式出版，从而让农村幼儿园教师体验到阅读的效能感，提高教师阅读的热情和兴趣。

3. 丰富阅读类型，构建合理阅读结构

阅读是一种积累，一种厚积薄发，只有通过广泛的阅读，教师才能不断完善自己的知识结构。[10]目前农村幼儿园教师仅阅读专业知识类书籍，阅读的类型偏少，阅读的层次偏低，使得教师的知识结构不合理，眼界不够开阔。[11]教师要顺利地完成教育教学工作，完善的知识结构是一个重要前提。教育理论书籍虽不能直接作用于教学,但能从深层次上改变教师的教育观念与行为。因此,区域的教育行政部门和幼儿园应想方设法丰富农村幼儿园教师专业阅读的类型,鼓励教师丰富阅读的内容、挖掘阅读的深度。如可以设立阅读专项经费并增加投入,定期邀请市、区级专家深入农村幼儿园开展教育理论书籍导读活动;引领农村幼儿园教师学习教育理论书籍,如皮亚杰、杜威、蒙台梭利等专家的著作。同时,农村幼儿园可在园内开展将教育理论运用于教育教学实践的征文、分享交流及教学汇报等活动,促使农村幼儿园教师认真阅读教育理论书籍,帮助他们积极尝试运用学到的教育理论指导教学实践。

4. 学习阅读方法,形成良好阅读习惯

对于阅读,善不善读,会不会读,核心问题是读书方法是否得当。选择了阅读书籍之后,如何阅读则直接决定了教师的专业发展水平。注意读书的方法和策略,提高阅读效率,可以起到事半功倍的作用。[12]农村幼儿园可以开展阅读方法交流和培训学习活动,指导教师掌握科学有效的阅读方法。例如,指导教师采用“问题导读”的方法,把读书与自己的教学联系起来,边读边记,边读边思考,边读边钻研,抓住书籍的精髓,寻找解决问题的方法。又如,指导教师运用“读、写、用结合”的阅读方法,引导教师养成做批注、写随笔和专业写作等良好的阅读习惯。此外,幼儿园应指导教师制订具有可操作性的阅读计划,帮助教师详细规划自己的阅读目标、阅读书籍、阅读时间及读后写作,帮助教师养成定期阅读的习惯。农村幼儿园还可以请教本领域的权威人士为不同教龄的教师开列具体的书单,鼓励教师一次性购买多本,按照兴趣逐本阅读。这样的阅读具有一定的系统性,图书层次也比较高,从而更能促进教师专业发展。

参考文献:

① 潘建新.教师专业阅读应有四种境界[J].江苏教育,2017(6):47.

② 陈颖.常熟市幼儿教师专业阅读现状的调查研究[D].苏州大学,2015.

③ 舒丽娜.教师专业阅读现状及其对策[J].教育视界,2016(21):14—16.

④ 李保强,张娜.基于专业发展的教师读书观——苏霍姆林斯基的教师读书思想审视[J].教育科学研究.2012(3):76—80.

⑤ 张娟娟,陈素园.农村幼儿园教师阅读现状调查——以新疆伊宁县某幼儿园为例[J].新课程研究(下旬刊),2015(8):13—15.

⑥ 潘威.农村初中教师阅读现状调查研究——以湖北省荆门市京山县某中学为例[J].内蒙古师范大学学报(教育科学版),2012(2):58—62.

⑦ 谢福胜,卓蔚.关于教师阅读与专业发展的研究综述[J].湘潭师范学院学报(社会科学版),2009(1):178—179.

⑧ (英)约翰·洛克.教育漫话[M].傅任敢,译.北京:教育科学出版社,1999.

⑨ 周建国.师训,阅读不能“缺位”[N].中国教师报,2014-12-17(8).

⑩ 赵静.中小学教师阅读现状调查与对策研究——以大连市四区为例[D].辽宁师范大学,2012.

⑪ 曲航宇.中小学教师阅读状况调查[J].科教文汇,2013(2):30—33.

⑫ 康书豪,康宏伟,曾雪莲,李峰巅.农村中小学教师阅读现状的调查与思考——以河南省平顶山市某区为例[J].钦州学院学报,2014(5):66—69.

(伍燕飞　上海市松江区新闵幼儿园　幼儿教师　教龄 23 年)

29. 连云港市小学教师读书现状的实证研究

一位教师合理的知识结构应当包括学科专业知识，教育学、心理学知识和人类文化视野。所以，读书应该是教师生活与工作的一部分，应该成为教师的职业习惯，是促进教师专业成长的重要途径。现在，从国家到地方，各级行政部门都在积极倡导全民读书活动。我市灌南县教育局的“全员读书工程”、海州区教育局的“每晚一小时”读书活动、新浦区教育局的“365 读书行动”等举措，也都充分说明教育行政部门对教师读书的重视。那么，教师读书的现状如何？笔者以问卷调查和深度访谈的方法，对连云港市小学教师读书现状进行了实证性研究。

一、调查的时间、对象与方法

调查时间：2015 年 9—11 月。

调查对象：根据性别、工作地、教龄、学历、职称、任教学科等按一定比例从连云港市赣榆县、灌云县、灌南县、海州区、国家级经济技术开发区等地学校及直属学校选取1 000名小学教师作为调查对象。共发放1 000份问卷,收回有效问卷961份。

调查方法:采用自编的"连云港市教师读书现状调查问卷"。在问卷设计上,问卷基本信息与主体部分一并印刷与发放,问卷从教师对读书的认识、重视与喜好程度,读书方式与读书活动的形式,读书的时间与购买量以及阅读量与藏书量,读书的环境条件,学校读书活动的开展等维度调查教师读书的基本现状。根据问卷反映的问题,笔者依据访谈提纲,访谈了小学年轻教师5名、中年教师5名、老教师5名、骨干教师5名、校长5名。访谈不拘泥于提纲,自然展开,访谈结束后整理访谈内容。

二、调查的结果与分析

(一) 关于对读书的认识

教师对于读书这件事情的认识高度决定了教师的阅读品质和教师读书的自觉意识。对读书目的的调查表明,绝大多数老师肯定了读书对于教师专业成长的作用。有49%的老师选择读书是为了提高自己的文化素养;分别有34%和10%的老师表示撰写论文、做课题查阅资料和进行学科教学的时候才有读书的需求,并偏重与教学工作直接相关的实用类图书。这些结果反映了老师们不同的读书观(见图一)。

调查表明,有20%和44%的老师表示"非常喜欢"和"比较喜欢"读书,读书已经成为学习、工作、生活的重要组成部分,其中城市教师更重视读书对于促进教师成长的作用。但是也有超过50%的老师在访谈中表示,由于平时工作繁忙,工作之余更希望能够彻底放松,因此更喜欢通过看电视剧来缓解工作疲劳和压力。有34%的老师表示对读书感觉一般化,谈不上喜欢和不喜欢。他们表示,如果学校布置强制性的任务,也还是能够读一点书的,但是主动阅读的自觉性不够。还有

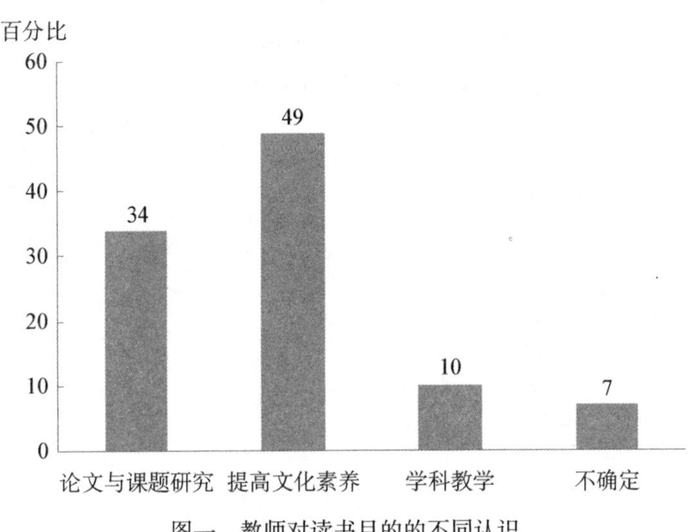

图一　教师对读书目的的不同认识

2%的老师表示不喜欢读书，甚至非常不喜欢。

对于喜欢读书的原因，调查显示，21%的老师表示自己读书“纯粹是喜欢，没有原因”，这个结果与有20%的老师表示“非常喜欢”读书是匹配的。有35%的老师表示自己之所以喜欢读书是因为读书有助于充实自我、开阔视野、提升自身素养。还有44%的老师认识到读书的重要性，但是表示工作繁忙，每天要处理的事务太多，要应付上级检查、批改作业、备课等，没有更多的自由时间用来读书。调查还发现，年轻教师的读书积极性不及老教师。年轻教师刚走上工作岗位，面对的诱惑更多，精力更容易分散，自觉读书的习惯难以养成。

(二) 关于读书的方法

调查表明，有25%的老师能够给自己制订读书计划，并能够按照计划实施与执行；有34%的老师虽然也制订了可行的读书计划，但缺乏坚持精神，没有贯彻落实。访谈中很多老师表示自己想看书，但是还没有读书的自觉意识，他们希望能够有同伴或者学校的行政命令来帮助促进自己读书。另还有40%的老师表示没有读书计划,有什么就看什么,如果感兴趣就看下去,但常常是看了一部分就搁置不看了(见图二)。

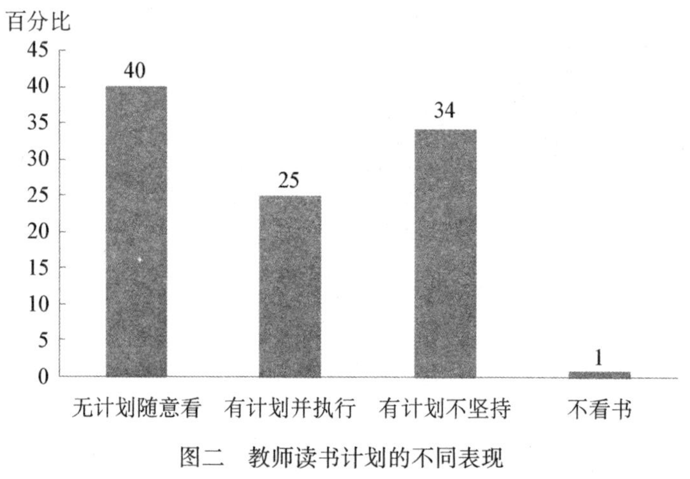

图二　教师读书计划的不同表现

在对读书方式的调查中,有22%的老师选择先浏览、泛读,再选择自己感兴趣的内容重点细读;有27%的老师喜欢在书上勾画自己感兴趣的内容,偶尔做读书笔记,最后再选择自己感兴趣的内容进行细读与体会;有15%的老师的读书方式是浏览,大致了解所读图书的内容。老师们普遍反映没有很多时间用来细读与深读,只有4%的老师表示能够边读边做读书笔记,而60%的老师表示自己缺乏做笔记的习惯。老师们也谈到做读书笔记可以促进自己对所读内容的进一步思考,但是提升高度有限。调查显示,老师们普遍缺乏深度阅读。

(三) 关于读书的系统性

调查发现,53%的老师不能系统地读完一本书,缺乏读书的系统性和坚持的毅力。在调查中,老师们还谈到了如何提高读书质量的问题,有33%的老师愿意也希望能够与他人交流读书的收获，讨论书中有意义、有价值的章节，根据制订的读书计划，定时、定期、定量、定点，设问、提问，提高读书的效果。近20%的老师的工作之余的时间被电视、电脑占据，加之学校没有相应的条件和资源，导致读书没有实效性。还有4%的老师觉得自己现有的知识水平已经足够可以驾驭课堂，没有必要再多读书。

(四) 关于参加读书活动

近90%的老师表示愿意和喜欢参加形式多样的读书活动。比如，读书沙龙、读书心得交流、书友会，甚至到大自然中去读书等。有68%的老师喜欢将自己读的书与他人的交换阅读，喜欢将自己的阅读收获与他人分享与交流，所以更喜欢氛围宽松自由的读书交流活动。有35%的老师认为自己所在学校虽然有图书馆和图书资源，但是没有很好地加以利用。有14%的老师对于自己所在学校的读书活动开展情况不满意，因为学校几乎没有开展过读书活动；34%的老师评价自己所在学校的读书活动流于形式，对自己没有实质性的帮助；22%的老师认为学校虽然经常举办读书活动，但是由于效果不佳，老师参与的积极性不高。但是也有26%的老师肯定学校在引导教师读书方面所做的工作，认为学校已经形成良好的读书氛围。老师们愿意和喜欢参加读书活动的另一个因素是，认为影响自己读书的重要他人是同事、朋友、领导和专家，学校的读书活动使他们能够产生共鸣，相互启发。

通过访谈发现，教师们普遍认为，学校的读书环境、读书氛围和读书资源的优劣对促进教师读书有很大的影响。调查显示，那些拥有充足图书资源，而且利用率较高的城市学校和乡镇学校，已经形成比较好的读书氛围，因此教师读书氛围浓、效果好、积极性较高。而农村学校的图书资源相对匮乏，使读书活动的开展受到影响和限制，读书活动效果不佳，对老师没有实质性帮助，因此教师的读书积极性不高。

(五) 读书时间与阅读量、私人藏书量

调查表明,教师读书时间偏少,每周读书时间在1小时以下的占17%,有42%的老师的周读书时间在3小时以内,30%的老师的周读书时间在4—6小时。也就是说,约90%的老师平均每天读书时间远远不到1小时。只有10%的老师的周读书时间在7小时以上(见图三)。

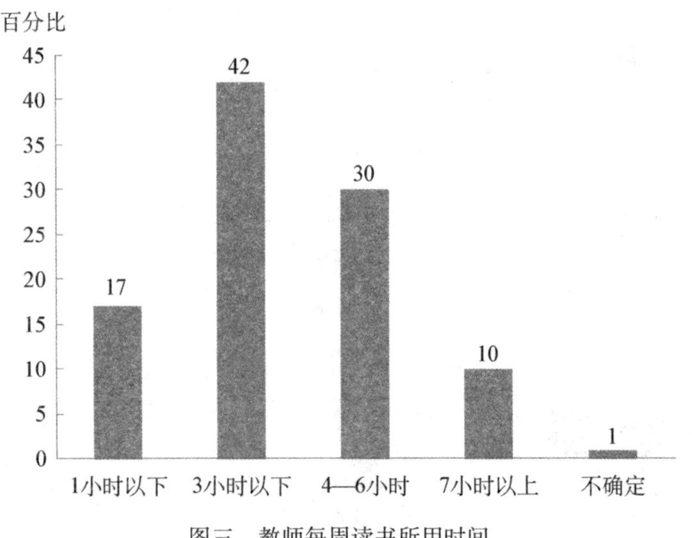

图三 教师每周读书所用时间

调查还显示,教师的阅读量偏低。41%的教师在过去一年的阅读量低于5本,31%的老师过去一年的阅读量在5—10本之间,只有23%的老师过去一年的阅读量在10本以上。据中国新闻出版研究院发布的"第十四次全国国民阅读调查报告",2016年我国国民人均图书阅读量为7.86本。中国新闻出版研究院院长魏玉山也表示,目前欧美国家国民人均图书阅读量为10本左右,韩国为13本,日本为12本。和发达国家相比,中国人均图书阅读量仍有差距。从这个数据来看,教师的整体阅读量是偏低的。教师们在访谈中表示,工作太忙、没有时间、看电视、浏览网页是影响读书时间和阅读量偏少的主要因素。

另外，调查结果表明，有9%的教师在过去一年没有购买过1本书，46%的老师过去一年中购买的书籍数量在5本以内，26%的老师过去一年中购买书籍数量在5—10本，只有19%的老师过去一年的图书购买量超过10本。在私人藏书量上，近半数老师的藏书量在50本以内，只有14%的老师的藏书量在200本以上（见图四）。无论是年均阅读量还是私人藏书量，乡镇和城市都高于农村；乡镇教师藏书量在50本以内的人数较多，而城市教师藏书量在200本以上的较多，表明城乡教师在藏书量上还是存在显著差异的。

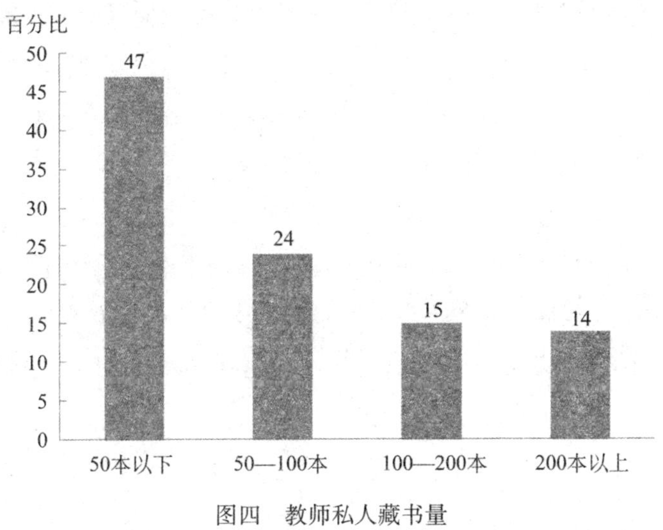

图四　教师私人藏书量

三、调查结论与建议

本次调查反映了连云港市小学教师的读书现状及所存在的问题。

从地域上看，城市教师和农村教师的阅读状况存在差异。城市教师由于所处的环境、学校发展的站位、教师个人发展的需求等因素，在读书观、阅读面、阅读量、藏书量等方面情况都好于农村教师，所以城市教师的专业化成长速度也较农村教师快。

从教师类型上看，骨干教师的读书自觉性较高。无论是城市教师还是农村教师，其中骨干教师的读书状况都好于其他教师。这些教师经历了从一般教师到骨干教师的变化，对自身发展的要求高，重视从各个方面提升自己。

从整体上看，读书的辐射面不广。教师队伍是一个庞大的群体，但把读书作为自身生活与工作的硬性需求的人数比例较小。

从阅读成效上看，教师阅读的数量不足，深度不够。虽然读书不能一味追求数量，但是没有阅读量的保证，教师人文素养的积淀与形成就会停滞不前。从调查和访谈中可以得知，老师们的读书方式基本是泛读、粗读，缺乏深度阅读，缺乏对一本书进行深入的研读。同时，读书缺乏系统性，随意性较大，很少有教师制订读书计划，或按照既定的读书计划读书。

综上，教师主动阅读的意识淡薄，没有形成良好的阅读习惯，动机不足、环境不良、方法欠缺、资源匮乏等因素影响教师的读书热情。教师们普遍感到自己的工作压力大、负担重，因而阅读的时间精力有限，这也在一定程度上影响了对阅读的兴趣和追求。

针对这样的读书现状，为激发教师读书热情，促进教师的专业成长，学校应该总结经验，进一步改进完善教师读书的组织和指导工作，包括引导教师树立正确的读书观、营造良好的读书氛围、开展多样化的读书活动、给予一定的精神和物质奖励、加强学校图书馆建设等。

读书又是很个人化的意愿和行为，因此学校的读书活动也要避免表面化和形式化。从阅读效果的角度看，“好读书”的人在一起活动，思维在一起碰撞，才会相互启迪，引发情感共鸣。总之，我们需要的是读书人的活动，而不仅仅是读书活动。

（张红　江苏省连云港市解放路小学　数学教师　教龄30年）

30. 少年宫教师专业阅读指导的实践与探索

书是人类进步的阶梯，教师的专业成长更离不开书籍的滋养。笔者作为长宁区“教师专业阅读现状反思和改进指导的行动研究”项目组的学员，一直关注着教师专业阅读这一领域。为充分了解长宁区少年宫教师的阅读现状，进行有针对性的校外教师专业阅读指导，笔者设计了关于教师专业阅读的调查问卷，并经过课题组的探讨与修订，最终定稿，于 2013 年底对少年宫全体 35 名教师进行了问卷调查。在此基础上，笔者也一直跟进少年宫教师专业阅读指导工作，有意识地与教师们分享一些好的专业阅读的方法。同时，经过 3 年多的实践与探索，在指导校外教师的专业阅读方面，取得了比较好的成效。

一、专业阅读现状

（一）从阅读内容上看，结构比例不够均衡

《教师阅读地图》一书提出，教师应有合理的专业知识结构，其中本体性知识应占50%，专业知识应占30%，人类基本知识应占20%。[①]要达到这一合理的专业知识结构，教师们阅读书籍的种类也要有相应的比例分配。对于问卷条目“您平常读得最多的书是以下哪一类（单选）”，调查数据表明，“所教学科的经典书籍和学科教参、教材教法类书籍”占48.5%，这类书籍即涉及教师本体性知识，所占比例最大；涉及人类基本知识方面的书籍占29.0%，比例大体上还是适宜的；但是教育学、心理学类书籍的阅读比例仅占10.9%，远小于专业知识30%的比例要求（见图一）。

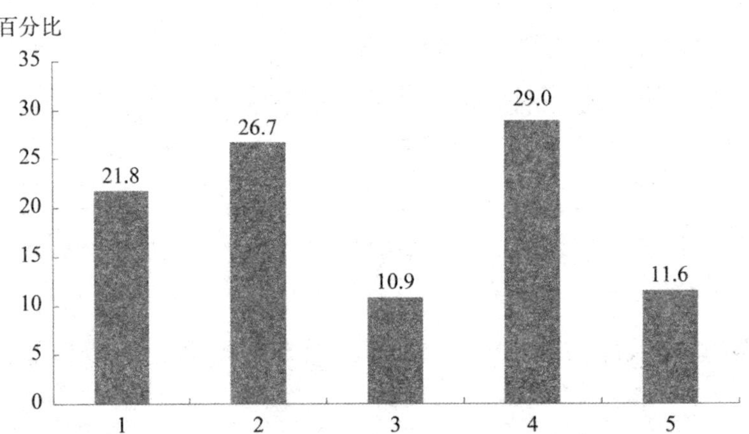

图一　教师阅读书籍种类分布图

(二) 从阅读习惯上看,缺少规划和深加工

当被问及“您有短期或长期的读书计划吗?(单选)”时,教师们的选择结果表明,大多数教师读书较为随意,缺少计划性(见图二)。

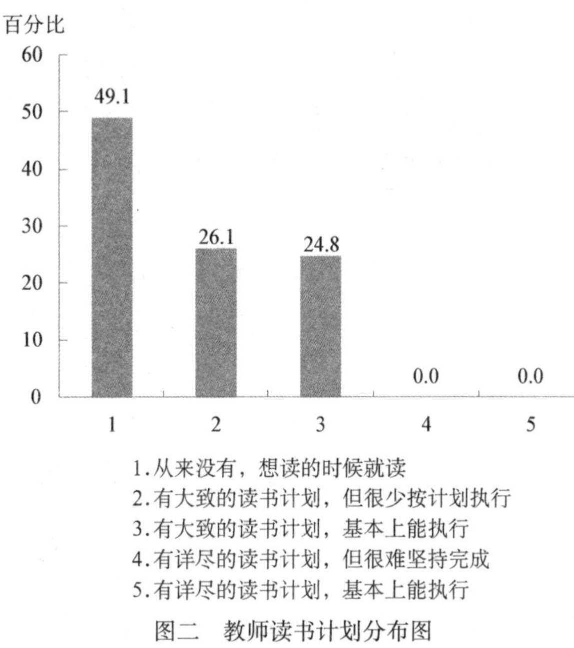

图二　教师读书计划分布图

在进行专业阅读时,选择“划出重点,或摘抄”的教师占 78.3%;“会多次阅读同一本书或章节”的占 56.5%;“与人分享讨论”的占 47.8%;“书面批注,及时表达自己的想法习惯”的占 26.1%;“读完一般都写读书心得”的占 21.7%;“看其他人对同一本书的书评”的占 13%。由此可见,教师们专业阅读时有一定的思考,但是还较少进行深度加工,将阅读内容转化为自己的文字成果。

(三) 从阅读方式上看,数字化阅读时间更多

问卷对教师“平均每天的读书(纸质阅读)时间”和“平均每天用于数字化阅读

(包括阅读短信、微信、微博,浏览网站等)的时间"进行了单选提问,结果如表1。

表1 教师平均每天阅读时间分类统计表(单位:%)

	忙得几乎没时间读	0.5小时以内	0.5—1小时	1—2小时	2小时以上
纸质阅读	43.5	17.4	26.1	8.7	4.3
数字化阅读	4.3	39.1	39.1	8.7	8.8

通过对比可以发现,有四成多教师觉得每天忙得没空进行纸质阅读,而仅有4.3%的教师表示没空进行数字化阅读,人数相差10倍。进一步比较发现,仅21%的教师的每天纸质阅读时间超过数字化阅读时间。

而对"数字化阅读中,专业阅读所占比例"的调查,可以发现有六成以上(60.9%)的教师将约20%—50%的时间用于专业阅读,有30.4%的教师将一半以上时间用于专业阅读,仅有个位数计的教师用于专业阅读的数字化阅读时间比例小于20%。由此可见,通过数字化阅读方式进行专业阅读,已成为越来越多的教师的选择。

(四) 从指导需求上看,希望专业阅读指导

当被问及"在专业阅读方面,你希望得到的指导是(多选)"时,教师的反馈如图三所示。可以看出,教师们对专业阅读指导方面的需求,最迫切的还是关于专业阅读书籍选择的指导。教师在访谈中也表示,每年都有很多的新书面世,也有很多的教育经典书籍的推荐,但如何选择真正适合自己的书籍,还是有不少困惑的。

二、阅读指导现状

问卷调查的结果表明,少年宫教师在专业阅读方面还存在着一些不足和误

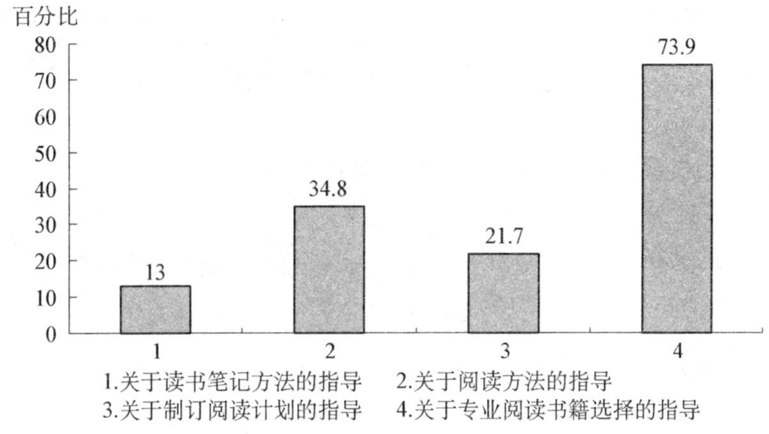

图三　教师对专业阅读指导的需求

区，这说明还需要不断改进和完善。随着项目组活动的推进，笔者也了解和掌握了一些关于如何选择专业书籍、制订阅读计划、进行更有效的专业阅读的方法。"独乐乐，不如众乐乐"，笔者在与少年宫领导充分沟通的基础上，开展了推进少年宫校外教师专业阅读指导、促进其专业成长的工作和研究。

（一）经费保障，选购推荐专业阅读书籍

《教师阅读地图》是一本对教师专业阅读有着较强指导作用的书，书中不仅提出教师要建构合理的专业知识结构，还针对教师不同的专业发展阶段提供了近200本参考书目，并对部分优秀图书和优秀电影进行了评价。于是在行政领导的支持下，我们为少年宫教师每人购买了这本书。笔者在少年宫对此书进行了推介，让教师们了解怎样针对自己的专业知识结构合理选择书籍，并根据书中的推荐书目为大家选购了一批专业书籍。

目前少年宫已形成了惯例，每年在教师培训专项经费中划拨出一部分，专门用于购买专业书籍。经费使用还分为集体购买和项目教师自行选购两部分。少

年宫集体购买书籍时，会有意识地选购少年宫教师们阅读比例较少的教育学、心理学类书籍。而自选部分，由项目教师根据各自项目的需求购买相应的书籍。

（二）搭建平台，分享专业阅读心得体会

目前少年宫进行专业阅读交流的平台有三个：全宫层面，党员层面，青年教师层面。我们采用集体精读与个性化阅读相结合的形式，力求将教师们的专业阅读落到实处。

1. 全宫层面。目前由笔者和负责师训的一位老师负责为全宫教师选购书籍，然后在全宫层面进行导读，将自己事先阅读的心得与全宫教师进行交流，以期指导大家进行深入阅读。例如：《教师阅读地图》、《"新基础教育"教师发展指导纲要》等。

2. 党员层面。在党建文化专题活动之"党员献一计"中，党员教师们提出要在党内开展读书会活动，对少年宫为大家选购的书籍进行深入研读。如活动初期，我们先围绕《第56号教室的奇迹》进行交流，然后采取一人导读、大家讨论交流的形式开展研读活动。我们又特别指定了少年宫负责"红读"（红领巾读书读报活动）项目的教师为大家导读《孩子们，你们好！》。"红读"项目老师以阅读指导者的身份告诉大家读书要关注细节，通过看封面、看环衬、看扉页，读目录、读序言，在短时间内了解书的架构、内容及精华所在。

3. 青年教师层面。在由青年教师组成的创新活动部的教研活动中，我们根据部门的特点，要求每位青年教师每学期阅读1—2本专业书籍，撰写书评并进行部门交流，鼓励青年教师脱稿表达，训练青年教师的逻辑思维和语言表达能力。

（三）改变观念，打造专业阅读朋友圈

这几年，我们常常会看到"警惕碎片化阅读"这样的报道，它们表达了一种担忧，即由于“随时会被删除的电子邮件、140字的微博、符号化的短信”等快捷、短小的信息交流工具的使用，而可能造成的信息碎片化、思维碎片化。我们的问卷调查结果也印证了这一可能。这表明我们在进行专业阅读指导时不能够忽视这一趋势，而是应该因势利导，充分利用数字化方便、快捷、共享的优势，打造专业阅读的另一平台。

1. 建立微信群，共享学习资料

2014年初，少年宫就在开展的信息技术培训中，重点介绍了微信的运用技巧，并建立了少年宫教职工的微信群，通过微信群发送通知提醒，共享学习资料，分享个人作品。结果表明，微信群在培训中起到了较好的媒介作用，也极大激发了教师们进行学习交流的热情。

2015年初，少年宫结合热点“微课建设”，进行宫本培训，但由于内容较新，并没有现成教材，最新的研究成果主要是以文章及视频的形式在网上呈现。笔者作为主讲老师，便将这些成果进行收集整理，推送至微信群，供老师们进行主题学习。我们择优完善了老师们的微课作业，陆续通过少年宫的微信公众号进行推送，一方面扩大微课的受益面，另一方面也让老师们感受到学以致用的激励与喜悦。受此影响，在少年宫后续的学习培训中，微信群已成为大家必不可少的学习交流中心。

2017年，少年宫工会又结合“世界读书日”，开展了好书推荐活动，除了每个部门派出代表进行全宫交流外，老师们还以微书评的方式，在微信群中对好书进行分享。

2. 关注好文章，推荐微信公众号

在应用微信的过程中，我们也发现不少优秀的教育杂志和教育机构都有自己的公众号，会经常推送一些非常好的教育文章。因此，我们收集整理了一批这样的教育类微信公众号（见表2），提供给教师们学习参考。

表2 教育类微信公众号

名称	微信公众号	内容简介
第一教育	diyijiaoyu	《上海教育》杂志的微信公众号。
好教师	haojsh	陕西师范大学教师教育中心的微信公众号，关注教师专业发展。
中国教育报	Zhongguojiaoyubao	会根据关注者的身份（教育管理者、教师、家长），推送不同的最前沿、有用的教育资源。
东方教育时报	DFJYWX	让读者全方位地了解教育信息，让社会了解教育动向与声音。

3. 玩转朋友圈，打造学习共同体

博客与微信最大的区别在于，关注博客的大多是陌生人，有时会出现随意发布言论、相互攻击的情况；而微信朋友圈中都是认识的朋友，大家将自己听到、看到、拍到的美好事物在圈中分享，具有更强的正能量。教师的朋友圈中大多也是教师，有意识地在朋友圈中分享好的教育文章，也可以让自己和朋友们共同成长。目前少年宫教师们的朋友圈已成了一个相互学习交流的共同体，大家会根据自己的专长和兴趣爱好在朋友圈中分享感兴趣的内容。

三、讨论与建议

1. 阅读指导应持续跟进，以提升阅读效益

教师的专业阅读是一个长期的过程，教师需要有科学严谨的态度和持续的努力，才能构建好自身的知识结构。我们不能期望通过一两次培训就能让老师们学有所成，而是应持续开展关于教师专业阅读的宫本教师培训，希望能将“教师专业阅读现状反思和改进指导的行动研究”项目组的研究成果惠及更多的教师。

2. 活动形式需不断创新，以激发阅读热情

创新是教师专业阅读的重要推动力。从专业阅读指导培训，到选购推荐专业阅读书籍；从搭建平台交流分享心得体会，到运用微信群开展主题阅读、分享微书评……形式创新的阅读活动能够不断激发老师们的阅读热情，有利于形成推进专业阅读的正反馈机制。

3. 数字化阅读应密切关注，以适应未来趋势

现今，纸质图书、电子书的阅读量逐年提升，尤其是数字化阅读方式的接触率上升显著。据中国新闻出版研究院发布的“第十四次全国国民阅读调查报告”，2016 年我国国民人均图书阅读量为 7.86 本，其中人均电子书阅读量为 3.21 本。成年国民的手机阅读接触率连续 8 年增长，2016 年达到 66.1%，人均每天微信阅读时长为 26 分钟。

近年来，电子书的种类不断扩大，从一开始以网络小说为主，到现在世界名著、历史文化、心理、科技、教育等多个门类应有尽有，不少新出版的书籍都配有电子版，在“当当网”上已出现了电子书专栏。而今又出现了阅读新方式——听书，以“喜马拉雅 FM”听书平台为例，该平台已有 3.5 亿激活用户，提供了海量的、几乎涵盖各门类的音频，包括有声书、培训讲座等。这些动态都提醒我们要关注这些新的阅读发展趋势，与时俱进，才能跟上时代的步伐，促进我们的专业成长和共同进步。

参考文献：

① 魏智渊. 教师阅读地图[M]. 北京：文化艺术出版社，2011：23.

（方　玲　上海市长宁区少年宫　计算机教师　教龄 17 年）

后　记

教师的阅读与自身成长有着密切的关系，读书被称为教师最好的修行。近年来，广大中小学和幼儿园教师中涌现出许多热爱读书的优秀人物和先进集体。为了交流分享教师读书与成长的经历和经验，探讨教师阅读与专业发展的方法和路径，《上海教育科研》杂志社、上海市教科院普教所、上海市黄浦区教育局以及长三角多个城市的教科院所联合举办了2017年"黄浦杯"长三角城市群"读书与成长"征文活动。

为了更好地解剖征文主题，使参选作品更具有可比性、可评性，组委会先后在江苏南通（通州区）、上海浦东召开了两场选题研讨会，邀请了多位读书爱好者分享读书经验。最终组委会明确了征文的定位，即征文要围绕"读书与成长"主题，介绍教师的阅读内容、阅读方法、阅读指导和阅读交流，描述阅读经历中有意义、有特点的人和事，反映阅读与工作、学习、研究的关系，体现阅读对自身成长和专业发展的作用和影响。同时，讨论确定了征文主要关注的四种类型的文章，分别是读书经历类，如教师个人或群体的阅读史；读书与工作、研究的关系类，如何读以致用；读书的组织与交流类；教师阅读现状调查和评论类。

根据征文主题和评选要求，本次征文不包括读后感之类的体会文章，而重在反映教师通过阅读促进成长的过程。从来稿和评选情况看，优秀作品大致体现了以下几个特点：一是选题角度较小而有特色，如怎样阅读一本书或一类书，怎样通过阅读指导改进一堂课，怎样组织一次读书活动，怎样组建一个读书社团等。二是内容层次比较清晰，能够反映教师读书的成长过程和阶段特点。如成长的不同阶段对读书的偏好和选择倾向，对同类书籍前后阅读的不同认识和境界提升，从单纯的阅读理解到有所创见以至著书立作等。三是文字明白流畅，在叙事的基础上适当抒情和说理。大多数优秀作品采用了夹叙夹议的表述方式，有较强的可读性；部分作品或是属于调查报告形式，或是有一定的思辨色彩或文学色彩，甚或是话剧剧本。这些作品体现了教师写作个性化和多样化的特点，从不同角度、以不同方式体现了教师们丰富多彩的读书生活和独到深刻的心灵感悟，也让我们的征文活动成为一次学习、分享和成长的经历。

经过组委会和各地教科研部门的精心组织和广泛发动，本次征文共有来自上海、江苏、浙江和江西四省（市）的教师、校长、教科研人员和教育行政人员参与，在各地初评的基础上，收到终评文章近千份。组委会安排了复评和终评两个环节，经过来自上海、江苏、浙江等地教科院所及华东师大、中国人大等高校的专家学者的甄选，最终评选出一等奖 17 篇、二等奖 78 篇、三等奖 374 篇。本书是部分优秀征文的合集。

在征文活动开展和本书成稿期间，组委会得到了多方单位和同行的支持。黄浦区教育局连续十四年资助举办征文活动，黄浦区教育局姚晓红局长、黄浦区教育学院奚晓晶院长专门召开会议，讨论征文工作。江、浙、赣、沪各地的教科研院所积极参与征文的动员、发动和指导活动，组织本地征文评选并提供优秀成果。

南通市通州区合作主办了征文动员会，绍兴市教育教学研究院协助完成了征文终评活动，杭州、宁波、台州、苏州、南通的院所长们顶着酷暑参与征文终评。华东师范大学出版社教育心理分社社长彭呈军先生为本书编辑出版给予大力支持。征文活动顺利举办和书稿成功出版是集体智慧的结晶，在此我们一并感谢。

编者

2017年8月于上海